名师名校名校长

凝聚名师共识
回应名师关怀
打造名师品牌
培育名师群体

以爱润德
以美启智

林志华　高元聪　苏艳杰 / 主编

中国出版集团　现代出版社

图书在版编目（CIP）数据

以爱润德　以美启智 / 林志华，高元聪，苏艳杰主编. — 北京：现代出版社，2022.12

ISBN 978-7-5231-0175-9

Ⅰ.①以… Ⅱ.①林… ②高… ③苏… Ⅲ.①中小学教育—教育研究 Ⅳ.①G632.0

中国版本图书馆CIP数据核字（2022）第256443号

以爱润德　以美启智

作　　者	林志华　高元聪　苏艳杰	
责任编辑	王志标	
出版发行	现代出版社	
地　　址	北京市安定门外安华里504号	
邮政编码	100011	
电　　话	010-64267325　64245264	
网　　址	www.1980xd.com	
印　　制	北京政采印刷服务有限公司	
开　　本	710mm×1000mm　　1/16	
印　　张	12	
字　　数	192千字	
版　　次	2022年12月第1版　　2022年12月第1次印刷	
书　　号	ISBN 978-7-5231-0175-9	
定　　价	68.00元	

目录

CONTENTS

中篇 论文成果

下篇 课堂教学

修嘉美之品　成慧美之人　建大美之校

李楚英

　　海口市海景学校自2017年9月创办以来，努力践行"大美教育"理念，在上级教育行政部门的正确领导下，在社会各界的支持帮助下，在全体教职员工的共同努力下，仅仅四年多时间，各方面工作就取得不俗的成绩。

一、学校沿革和当前概况

　　海口市海景学校是海口市教育局直属九年一贯制公立学校，位于海南省海口市海甸六东路11-1号，地处美丽的海甸岛，是海口市人民政府2016年为民办实事项目之一，2017年9月建成并投入使用。学校占地面积约31349平方米（47亩），建筑面积约20000平方米。校园环境优美，繁花似锦，绿树成荫，教学区、运动区、生活区等分区管理，错落有致，被誉为集"花园、乐园、学园"于一身的自贸港窗口式学校。

　　学校办学条件优越，建有教学楼2栋，实验楼、体育馆、图书馆、食堂等各1栋；建有运动场1个，250米跑道（附设80米、100米直道各6条），篮球场2个，网球、排球、羽毛球场各1个；音乐、美术、计算机、创客等功能教室及理化生实验室一应俱全；校园网络全覆盖，数字化校园初步形成，教学设施设备先进，功能配套齐全，为全校师生提供了一流的现代化教育环境。

截至2022年7月，学校有51个教学班级，学生2548人。专职教师140人，其中特级教师1人，正高级教师1人，高级教师5人，省级学科带头人1人，省级骨干教师16人，市级骨干教师10人，校级骨干教师32人。研究生学历8人，本科学历132人，初步形成了一支爱岗敬业、业务结构相对合理、具有开拓进取精神的高素质教师队伍。

二、学校办学特色

四年来，学校认真贯彻党的教育方针，坚持立德树人，全面实施素质教育，落实课程改革，在德育工作、教育科研、校本课程建设等方面都取得了一定成绩，初步形成了办学特色。

（一）德育工作——建构"大美德育"工作、管理、网络体系

1. 建构"一主两翼四常规"的德育工作体系

"一主"，每个月都有德育主题，如2月是法治、3月是文明、9月是感恩等。同时，把《小学生日常行为规范》要求提炼为"三清三齐三静三好"，要求将其作为每一节课的问候口令并对照检查；根据中学生的年龄特点编制《初中生行为规范量化管理手册》，人手一册，每周一评一反馈，有效促进学生良好行为习惯的养成。"两翼"，"第一翼"为德育队伍（网络化），分为三个层面：一是教职工层面，建立"校警→班主任→科任老师→年级组长→少先队、德育处→值日领导"六级日常管理系统，每一级都有明确的职责。二是学生层面，建立"校门礼仪岗→常规检查员→文明使者、安全卫士"三级管理系统，每一级也有明确的职责。三是家庭层面，建立家校合作常规平台（微信群），家长负责孩子的在家教育。"第二翼"为德育培训，分为："面"的培训——利用学校政治学习、行政例会等开展德育培训；"点"的培训——重点对班主任进行思想、业务能力的培训。"四常规"：常规一是德育活动，分为三类，一是展示类、兴趣类活动；二是主题德育活动；三是养成教育活动。常规二是德育评价，评价原则包括发展性、科学性、系统性、层次性、多元性；评价载体是《初中生行为规范量化管理手册》；评价主体包括自己、同学、家长、老师；评价层次包括班级大美之星、校园大美之星、十佳大美之星。常规三是德育宣传，渠道有黑板报、电子屏、展板、微信群。常规四

是德育教育，形式有主题班会、主题广播、国旗下讲话。

2. 建构"走动式+扁平化+项目制"的德育管理体系

（1）"角色意识"下的走动式管理。德育处、少先队大队部人员"走动式管理"要求带有角色眼光和角色意识，可及时发现问题和处理问题，提高了管理的实效性。

（2）"管理下移"的扁平化管理。强化年级组长负责制，明确年级组长管理职责，真正发挥年级组长管理效能；强化值日教师制度，让管理前移，实现管理全覆盖。

（3）"科学规范"的项目制管理。按照德育工作分管的范围，将德育常规工作分解为60个项目，规范流程、明确要求，做好反馈，提高工作专业化水平。

3. 建构三个"三位一体"的德育网络化体系

（1）形成道德与法治、各科教学、社会实践三位一体的教育网络。

要求道德与法治的任课教师根据课标要求认真备好课，上好课，并与其他各学科教师经常沟通，统一思想；对其他学科教师，要求其按各科目标，自觉地进行思想品德的渗透教育；每学期组织学生参加形式多样的社会实践活动。

（2）形成学校教育、家庭教育、社会教育三位一体的教育网络。

我校成立了家长委员会，动员学生家长所属社区关心和支持学校的德育工作，坚持通过家长学校组织家长学习教育学、心理学以及美育方面等知识，向家长传授科学育儿的方法。我校还积极动员社会力量关心学生的健康成长，从而使学生在校有人教，在家有人管，在社会有人导。

（3）形成校会、队会、班会三位一体的教育网络。

校会所布置的带有共性的教育任务，各少先队中队、各班级都能较好地制订计划，组织实施，并能在层级之间，队与队、班与班之间进行交流。

（二）校本研训——建构专业化、项目制"大美研训"模式

四年来，我校根据教师队伍年轻化、学习力强、可塑性大的特点，坚持"以教研促课改，以课改提质量"的教学理念，在全面实施基础教育课程改革过程中，探索有效的校本研训模式。

1. 加强校本研训的专业化

（1）备课专业化。

学校开展"学教评一致性教学设计理念与实操"系列专业化培训，力求让教师能基于布鲁姆教育目标分类学思想，运用学教评一致性教学理念，遵循目标、教学和评估之间的一致性原则，对学生的学习目标、教师的教学活动、教与学的评估任务做出科学的设计，进行专业的备课工作。

（2）课题研究专业化。

为提高我校课题研究专业化水平，调动教师全员参与科研工作的积极性和主动性，以科研促教研，我们要求每位教师积极申报课题。指导各教研组聚焦组内亟待解决的共性学科问题，积极申报省级教育规划课题，校级骨干教师及以上称号骨干教师围绕个人在教育教学中的突出问题开展研究，力争人人申报一项小课题研究。将课题研究与学校的教育教学实际紧密联系起来，形成课例研究、课题研究、课堂研究"三课一体"的科研模式。

（3）教师培训专业化。

一是加大教师基本功培训力度。我校从建校伊始就启动了"争做书香教师　添馨大美海景"教师读书活动，营造爱读书、多读书、读好书的良好氛围；全员坚持粉笔字、钢笔字练习，每天点评，每月总结反馈，每学期比赛，并将成绩纳入教师继续教育校本学分管理。二是加强课堂教学能力。开展专业培训，特别是小组合作学习的实操培训，不断提高教师的课堂教学能力。三是形成教师发展梯队，扎实开展师徒结对。学校评选出了校级骨干教师，形成了省级、市级、校级骨干教师、职初教师"四型四模"的教师发展梯队；各级骨干教师和职初教师结师徒对子，师徒结队工作重视过程性管理，成效纳入绩效考核。

2. 确定项目制校本研训的项目及实施路径

（1）确立五个以促进教师专业成长为目的的项目及实施路径。

五个项目分别是"四定五备"集体备课项目、"专业培根"项目、"课改培训"项目、"师徒结对"项目、"读书沙龙"项目，每个项目都有明确的实施路径。例如，"四定五备"集体备课项目。项目负责人：教务处。项目内容：教研组（备课组）集体备课。项目操作："四定"，即定时间、定地点、定内容、定主备人；"五备"，即备题、主备、辅备、共备、优备。

（2）确立五个以解决教学问题为目的的项目及实施路径。

五个项目分别是"双循环"课例研究模式、"领导走课"项目、"教学视导"项目、"校际交流"项目、"教研论坛"项目，每个项目也有明确的实施路径。例如，"教学视导"项目。项目负责：教务处。项目操作：第一步，确定视导对象；第二步，确定视导内容；第三步，确定教学视导的观察点；第四步，确定视导人员；第五步，确定反馈形式。项目保障：学校要制定教学视导的相关制度，使教学视导成为学校教学管理、教师专业成长的制度化工作。

（三）校本课程——规划"智慧岛"课程，彰显办学特色

1. 校本课程理念

基于"大美教育"哲学，我校提出："让我们一起寻找世界的美"课程理念；基于我校所处的地理位置——美丽的海甸岛，以及中央电视台孩子们非常喜爱的科普节目《智慧岛》，我们在系统构建学校课程时，冠名为"智慧岛"课程。我们期望，每一个孩子在这里与美好相遇，智慧在这里生长，生命在这里绽放。

2. 校本课程框架

按多元智能理论，将"智慧岛"课程分成六个模块：美德岛——自我与社会课程；语言岛——语言与表达课程；科学岛——科学与探索课程；思维岛——逻辑与思维课程；健康岛——运动与健康课程；艺术岛——艺术与审美课程。每一个模块有若干门国家课程，每一门国家课程又结合我校师资、课程资源等条件开发若干门校本课程，即"1+N"模式。例如，语言岛——语言与表达课程，此类课程主要涉及语文、英语、历史等国家课程，学校对应开设了寻根识字、演讲与口才、经典诵读、英语歌曲童谣、故事会、多维阅读等拓展性或嵌入式校本课程，同时筹备开设南海历史课程。

3. 校本课程目标

我校将育人目标概括为：培养"至爱、至真、至善、至美"少年。育人目标是通过课程目标来达成的。因此，我们把育人目标细化，并结合学生年龄差异，划分为一至二年级、三至四年级、五至六年级、七至九年

级四个阶梯的课程目标。例如，育人目标"至爱"在七至九年级对应的课程目标是：增进对社会的了解，增强社会责任感，具有一定的社会沟通能力，初步具有服务社会的意识。

4. 校本课程实施

首先，构建"大美课堂"，推进学科基础课程的有效实施，我们期待的大美课堂——课前有期待，课中有乐趣，课后有回味；有美的教室，鼓励温暖的语言、和谐的师生关系。其次，建设"大美学科"，在学科层面建立起"1+N"特色学科课程群，推进学科特色课程的全面落实。目前，小学语文、小学数学、道德与法治、美术、音乐、体育、信息技术已初步在学科层面形成"1+N"课程群。最后，设计"大美德育"系列节庆主题教育课程，分为两类，一类是传统节日、纪念日，另一类是学校创设的具有校本特色的"每月一节"，以丰富学生的生活、发挥学生的特长、展示学生的才能、促进学生的发展。

三、办学主要成绩

优越的环境、完善的教学设施、科学的管理体制和高素质的教师队伍，使我校建校仅四年就取得了可喜的成绩。

（一）学校先后9次荣获省、市级表彰和奖励

被评为省、市卫生工作先进单位；被评为海口市平安校园、海口市语言文字达标单位、海口市优秀少先队大队、海口市先进基层党支部、海口市禁毒示范学校、海口市科普示范学校；被中央教育科学研究所确定为益智课程实验学校；被琼台师范学院确定为实习基地学校。

（二）学校教育科研工作成绩显著

四年来，我校共立项国家规划课题1项；省级基础教育成果奖培育项目1项；省级规划课题2项；市级小课题42项。其中，省级规划课题结题获得省级良好1项；小课题结题获得省级优秀4项、良好5项、合格10项。课题"小学美术超轻黏土校本课程的开发与实施研究"面向全省重点推广，"小学二年级句子扩写教学策略研究""红星向党茁壮成长"面向全市重点推广。学校教师参加教育部"一师一优"课获得国家级一等奖2人、省级一等奖1人。参加各类省级调教课8节，其中一等奖2节、二等奖2节、三等

奖1节，公开课3节；市级调教课28节，一等奖3节、二等奖16节、三等奖9节；论文省级一等奖2篇、二等奖3篇、三等奖1篇，市级一等奖7篇、二等奖12篇、三等奖11篇，2篇论文发表在省级刊物。学校出版1本教育科研书籍——《与美相伴 与爱同行》。

（三）学校教学质量逐年提高

2020年，首届81名九年级毕业生，入口小考3A生仅3人，出口中考700分以上15人，省一级高中录取率达30.9%。2021年，第二届123名九年级毕业生，入口小考3A生仅7人，出口中考756分以上23人，省一级高中录取率达37.3%，实现"低进高出"。仅2020年一年，学生就有200多人次在国家级、省级、市级科技、美育、体育类比赛中获奖。

（四）学校办学特色初步彰显

立足学校现有资源及未来发展趋势，学校着力建设"智慧岛课程"体系，重点关注学校整体课程与特色课程的有机融合，重点关注国家课程的校本化实施和特色课程建设，逐步在学科层面构建起"1+N"课程群，各类课程协调发展，形成高质量、有特色、可选择的学校课程体系。

四、办学主要做法

（一）理念先行制度立校

1. 确定具有本校特色的理念核心

我们的办学哲学：大美教育。

我们的办学理念：让生命与美相遇！

我们的发展愿景：修嘉美之品，成慧美之人，建大美之校。

我们的育人目标：培养"至爱、至真、至善、至美"少年。

我们的发展思路：服务立校，质量兴校，队伍建校，管理强校。

我们的治校策略：以人为本，以德铸魂，法情相济，和谐发展。

我们的管理要求：理念新，定位准，目标明；思路清，标准高，要求严；行动快，工作细，到位实，效果好。

2. 建章立制抓规范

我们结合本校实际，制定《海景学校章程》，制定德育、教学、科研、教师学生管理一系列规章制度，并汇总结集成册——《海口市海景学

校员工手册》。为确保这些规章制度落到实处，学校成立了规范化管理领导小组，实行责任制，把各项任务细化到年级、科组和个人，并定期开展检查评比，以树立典型，督促后进。

3. 形成"条""块"结合的管理模式

确立"统一领导、全程管理、分层赋权、分工负责"的管理原则。建立"校长→分管副校长→中层处室→年级组"的"条"形网络化与"校长→分管副校长→学部"的"块"状相结合管理模式，形成全员管理、全程管理、全方位管理的运行机制。学校的教师、职员，人人是管理者，个个是被管理者，人人有事管，事事有人管，不出现时间的管理空当，不出现空间的管理盲区。

（二）加强党建服务发展

1. 充分发挥党支部战斗堡垒作用

学校非常重视党建工作，建校即成立党支部，建设党员活动阵地，经常性开展形式多样的党员活动，在活动中增强党支部的凝聚力和向心力。在解决群众问题、稳定教职工思想、关心学生困难、促进学校发展、深化课改实验和师德师风方面发挥应有作用。

2. 充分发挥领导班子民主科学管理作用

建校四年来，虽然校级班子尚未配备到位，但在党支部的坚强领导下，各部门团结协作，学校平稳运行，形成具有校本特色的管理模式和运行要求。班子成员廉洁勤政、开拓创新，围绕学校的中心工作通力协作，确保各项工作优质高效完成。学校实行校务公开、教职工代表制度，加强民主监督和管理，凡涉及学校改革与发展的重大问题以及与教职工利益相关的问题都提交教代会讨论审议，使学校走上民主管理、科学规范的轨道。

3. 充分发挥工团组织上下协调作用

学校在建校初期即成立学校工会、团支部组织。工会本着为学校谋发展、为职工谋福利的宗旨，认真开好教职工代表大会，发挥其参政、议政的作用，带领广大教职工积极参与学校各项管理；广泛开展群众性文体活动，丰富教职工的文化生活，营造积极向上的工作氛围。学校教师队伍中青年团员约占65%，学校团委根据青年团员的心理需求，科学统筹、合理引导，组织广大青年团员参与学校各项工作。他们教学上勇挑大梁，学习上刻苦钻研，生活上严于律己，充分发挥了先锋模范作用。

（三）强化培训专业成长

1. 强化师德教育，提高职业素养

我校年轻教师、职初教师多，在教师队伍建设的过程中，始终把师德教育放在首位，不断提高教师的思想政治素质，增强教师全面贯彻党的教育方针、实施素质教育的自觉性。引导教师自觉履行《中华人民共和国教师法》，严格遵守《中小学教师职业道德规范》《教师职业道德准则》，不断加强师德修养，把教师的职业道德作为教师职务评聘和晋升的重要依据。

2. 加强校本培训，提高业务能力

（1）全员培训：既有师德专题培训，也有信息技术素养培训和教师基本功培训，将这些培训纳入教师继续教育校本学分管理。

（2）分类培训：学校做好省级、市级骨干教师培训，校级培训，教师自我培训。

（3）外出培训：学校有计划地组织教师到省内外进行培训，跟班学习，做好教师继续教育培训工作。

（4）结对培训：学校开展了"第四届师徒结对"活动，师徒结对有任务、有规划、有总结，并将每周互相听课情况反馈上传至师徒结对群，一学年结束有成绩汇报课，学校将师带徒成效纳入绩效考核。

（5）读书培训：教师精读三类书籍，一是教育类专著，二是学科类书籍，三是管理类书籍。落实领导班子、学科教师、成熟型教师、新任教师分层读书计划，学期初、学期末都开展各类读书分享展示活动。

3. 抓好骨干培训，培养教学中坚

学校现有省级骨干教师培养对象8人、市级骨干教师10人，学校还采用自愿申报的方式确立了32名校级骨干教师，形成学校"四梯四模"教师成长梯队。学校支持省级、市级、校级骨干教师参加各级各类培训，在教师中形成了比、学、赶、帮、超的良好氛围，造就了教学中坚力量，也提高了教师队伍的整体水平。

（四）深化课改优质教学

1. 建构大美课堂，不断优化课堂教学

一方面，我校各年级课堂教学严格落实海口市《课堂教学常规要求》；另一方面，在七、八、九年级推行"先学后教，合作学习"的课堂教学模式，教师、学生、课堂发生了可喜的变化。首先是集体备课发生了变化，备课内容更加专业有效，教师能从学习目标、教学活动、评价任务设计三者是否一致展开交流，对学教评一致性导学案设计与使用有了较明晰的方向。其次是课堂生态发生了变化，课堂结构变为预习、交流、展示、检测，课堂组织形式变为伙伴学习和小组学习；课堂主体变为学生主体，教师引导，教与学方式发生了改变，教学效果明显提升。

2. 建构大美学科，不断丰厚国家课程

建校伊始，我校就在开足开齐国家课程的同时，要求教师根据自己的兴趣与特长，结合学校"大美教育"思想，积极开发校本课程，要求各学科努力形成本学科的拓展性课程或嵌入式课程，努力做到国家课程校本化。小学语文学科开发了故事会、经典诵读、演讲与口才；小学数学开发了益智器具；美术开发了超轻黏土造型、泥塑、陶艺……经过四年的开发与梳理，各学科都初步在学科层面形成了"1+N"课程群，学校"智慧岛"课程体系初步形成。

3. 抓实教学常规，提高教学质量

作为一所新学校，建章立制是非常重要的。学校制定了二十四项教学教研管理制度，并集结成《海景学校教学教研制度汇编》，人手一册，每学期组织学习，并严格抓落实。教学常规要求教师必须做到"五认真"——备课认真（四个要求）、上课认真（四个落实）、辅导认真（四个结合）、作业认真（四个强化）、考试认真（四个规范），每一个"认真"都细化要求，操作性强。为落实教学常规"五认真"要求，我们做到"四保障"：保障一，细化教学常规检查；保障二，加强教师专业化培训；保障三，做好质量目标管理；保障四，加强学科教研组建设。

（五）美化校园环境育人

1. 软环境建设

学校制定了学校发展的纲领性文件《海口市海景学校章程》，依法

治校，依法治教，依法治学。初步完善学校顶层设计《海口市海景学校校园文化策划书》，确定学校办学哲学、办学理念、办学愿景和"一训三风"；明确学校发展、教师发展、学生发展目标。完成学校成套标识设计，如校徽、校歌、校旗、吉祥物等，使学校拥有特色鲜明的名片。制订了打造办学特色的课程方案《海口市海景学校"智慧岛"课程规划》，凝练学校文化精神，树立师生共同的价值追求，丰富学校文化内涵。

2. 硬环境建设

（1）初步完成校园整体改造，实现按功能划分区域。占地47亩（1亩≈666.67平方米）的校园明确划分了教学区、生活区、运动区、停车场、校本课程展示区，布局合理，错落有致。同时，按"春有花，夏有荫，秋有果，冬有绿"的思路对校园进行美化、绿化，种上了菠萝蜜、杧果、石榴、柚子、百香果等热带果树，在教师办公室、各班教室阳台、各楼层走道都种上了花草，校园绿树成荫，瓜果飘香，繁花似锦，被誉为"花园、乐园、学园"。

（2）初步完成教室整体改造，实现网络化教学。学校按标准化建设，给所有教室全部配备现代化网络信息设施，形成"一板二柜三墙"（希沃白板，图书柜，洁具柜，学习墙、文化墙、展示墙）的格局。

（3）完成22间功能室改造，实现多点育人功能。学校按标准化建设要求，为各功能室高标准配备各种设备设施，使其凸显现代化气息，渗透学校"大美教育"办学理念，为全校师生提供了一流的现代化教育环境。

（4）完成教学设备换代，实现信息化教育。学校为每位教师配备手提电脑，安装最新的教学软件，内存海量教学资源，同时建设大功率、高兆数中心机房，在校园不同区域安装无线上网路由器，做到校园无死角网上高速冲浪，实现"人机结合，实时同步"的信息化教学。

（5）大美海景特色外显文化初步成形。学校中有装饰富有海景特色的体育馆，宽敞大气的大美广场，造型独特的帆形长廊，极具现代设计感和海洋元素的校本课程展示长廊……一景一点都富有海景特色，大美海景名副其实。这种校园文化的布局加上丰富多彩的校园文化生活，使学生陶醉在如诗如画的育人环境中。

上 篇

教学札记

树清廉校风，建阳光校园

——海口市海景学校"清廉文化进校园"活动

李婉婷

为进一步加强清廉文化建设，推动党风廉政建设宣传教育活动走深走实，海景学校将廉洁教育资源与廉洁文化相结合，将廉洁教育与课堂教学相融合，通过各项活动将清廉文化引入校园、带入课堂，创建清廉校园，树立新风正气。

一、廉洁校园促教育

海景学校党支部委员会召开会议，明确了"清廉文化进校园"活动的指导思想，成立了活动的领导小组，确立了活动的总体目标，分别从学校领导班子、全体党员教师、全体教职工、全体学生四个层面详细制定了活动内容、活动的实施步骤。

（1）

（2）

"清廉文化进校园"活动

二、廉政学习正师风

学校在阶梯教室举行了"清廉文化进校园"活动动员大会和"教师清廉从教承诺书"签订仪式。李楚英书记带领全体教师学习海口市教育局《关于开展"清廉文化进校园"活动的通知》。接着，她对活动实施方案进行了细致解读，让全体教师对我校开展"清廉文化进校园"活动实施方案中的具体内容有了深刻的理解，并签订了"教师清廉从教承诺书"。

"教师的道德、才学、作风、素养、治教状况是清廉校风的重要体现，也是推进清廉学校建设的主体力量。"我校组织教师学习《关于进一步规范中小学教辅资料管理和家长委员会职责的通知》和《海南省中小学教师职业行为负面清单》等文件，注重把清白、廉洁、正直、奉献作为师德师风建设的重要标准，全面营造清正教风，持续开展违规补课专项整治等行动，努力营造崇清尚德风气，打造家门口的清廉学校。

海景学校创建以学校党组织全面从严治党主体责任，开展教体领域腐败问题专项整治，从领导干部、党员教师、广大教职员工等各层面入手，不断加大师德师风建设力度，把清廉从教落实到行动上。清廉干净正成为校风的重要品质，不断融入学校的精神和灵魂。

三、纪法教育正校风

学校党支部组织学习会议，党支部书记李楚英同志做专题讲座《家

庭、家教和家风》。

党员同志们认真学习并翔实记录专题内容，全体党员领会"家庭和睦则社会安定，家庭幸福则社会祥和，家庭文明则社会文明"等重要精神。

2022年3月9日，党支部纪检委员张玉秀同志做专题讲座，讲解《中国共产党纪律处分条例》，以增强党员干部和教师反腐倡廉的自觉性，提高广大党员干部及教师敬廉崇教、诚信守法的意识。

四、翰墨颂清风，妙笔扬正气

在党员活动室举行领导班子"廉洁执政"书法比赛，在书法比赛过程中，全体领导班子成员认真书写，纵横挥洒，书法作品洒脱秀逸，无不透露出创作者优秀的艺术素养和良好的精神风貌。

此次书法比赛有力地促进了海景学校党风廉政建设、行风建设和师德师风建设，为海景学校的清廉文化建设做了一次有益的探索。

五、万点丹青绘清廉

清是一种品质，不要人夸好颜色，只留清气满乾坤；廉是一种境界，根深不怕风摇动，树正何愁月影斜。各班充分利用黑板报宣传清廉文化，让学生理解清廉文化的内涵。学生廉洁文化书画作品展，化抽象为具象，以图文并茂的形式展现"廉"，传播正能量。丰富多彩的廉洁文化将廉洁的种子播撒在全校师生心中，润物无声地教育感化，滋养着师生心中廉的种子开枝散叶，四季常青，传播芬芳……

六、清风化雨润师生

2022年3月14日上午，海景学校召开了"敬廉崇洁，诚信守法"主题班会。清正廉洁是从古至今被人们传颂的美德，我们通过本次班会课，一起把廉洁的种子播撒在心田。大家兴致高涨地参与击鼓传花颂清廉诗游戏，收看《孟尝还珠》视频，还现场讲起了自己知道的清廉小故事。不知不觉中，清廉文化已悄然扎根在师生的心灵深处。"树廉洁之心，行廉洁之事，做廉洁之人。"海景学校正积极把清廉教育融入课堂教育，整合语文、道德与法治等学科教材中蕴含的有关"尊廉崇洁"课程资源，在教学中强化渗透，让学生在多科融合、自主参与的学习实践中学廉知廉。

七、新风正气润心田

廉洁关乎诚信，诚信者注定廉洁，不廉洁者必不诚信。小学部各年级利用班级故事会课的时间开展了"尊廉崇洁，诚信守法"故事会活动。

通过孩子们所讲的生动故事号召大家严格自律，把崇尚廉洁作为道德底线，带头学习和传播廉洁文化，成为一个清正廉洁、刚正不阿的人。

八、文化熏陶正学风

打造廉洁阵地，在孩子们心中烙下浩然正气。近段时间来，我校把"清廉学校"建设活动融入校园文化建设，使清廉文化走进课堂、浸润校园、滋养心灵，努力营造"崇廉、奉廉、赞廉、讲廉"的校园文化氛围。

学校的标语

园中绿树成荫、芳草萋萋，廉洁文化长廊错落有致。廉洁文化长廊中的廉洁警句、廉洁成语图文并茂地展现，与中华优秀传统文化相得益彰、寓意深刻，让廉洁文化在校园的每个角落散发浓厚的气息。

我们坚持立德树人的根本任务，在学校这个一花一景的校园文化建设中，浸润式地播撒下廉洁教育的种子，也通过"大手拉小手、小手牵大手"等一些常态化的活动，开展廉洁文化的主题教育活动，使廉洁文化从小就沁入孩子的心田。

重温海南解放史，高歌奋进自贸港

——记海口市海景学校"寻找红色足迹"活动

朱小妹

  为隆重庆祝中国共产党成立100周年，贯彻落实习近平总书记对党史学习教育的动员和部署，同时为把"两学一做"学习教育实践活动向纵深发展，我校党支部开展"寻找红色足迹"活动，使全体党团员牢记使命，勇于担当，争当海南自由贸易港建设的排头兵。

  2021年7月3日上午，晴空万里、微风拂面，党支部书记李楚英同志带领党团员前往临高角、海口旅游职业学校党建活动中心和中共琼崖第一次代表大会会址开展"寻找红色足迹"活动。通过实地参观，寻找红色记忆，重温英雄事迹，进一步传承红色精神，筑牢政治忠诚之基。

第一站：临高角

  第一站，大家来到临高角。临高角位于海南临高县北端，1950年4月17日，中国人民解放军为解放海南在此登陆。解放海南渡海登陆战是名副其实的战争史上的奇迹，它开创了我军渡海作战胜利的先河，创造了古今中外战争史上从未有过的、用原始木帆船打败现代化铁甲兵舰的奇迹。我军冲破了陆、海、空立体防线，成功实现了敌前登陆，在中国人民解放战争史上谱写了光辉的一页。

  海南解放公园就是为纪念解放海南渡海登陆战所建的，这里是海南红色景区的典型代表，是省级爱国主义教育基地。大家参观了解放海南岛渡海战役纪念馆，同时近距离观看了解放军英雄曾使用的武器以及缴获的敌军装备等物品，展馆内部的多媒体播放装置更是重现了渡海登陆战的经典场景，大家如身临其境，全面学习了临高登陆战的宏观历史背景和艰辛作战历程。解放海南岛的影像资料和历史图片、革命先烈视死如归的精神深深地感染着每一个人，大家真切地感受到革命先烈艰苦奋斗、无私奉献的伟大精神。接着大家来到热血丰碑前参观学习，热血丰碑是为纪念解放海南渡海登陆战这一伟大的历史事件而修建的，雕像基座正面雕刻着江泽民亲笔书写的"军民共筑热血丰碑，解放海南业绩永存"十六个大字，背面刻着渡海作战解放海南历史碑记。

全体党员在热血丰碑前，在李楚英书记的带领下，面对党旗庄严宣誓，重温入党誓词，铿锵洪亮的誓言充分表达了全体党员不忘初心、牢记使命，传承先烈精神、勇于担当奉献的坚定信念。

党员庄严宣誓

第二站：海口旅游职业学校党建活动中心

第二站，大家来到了海口旅游职业学校党建活动中心。海口旅游职业学校党委与我校党支部是党组织共建单位，我校党支部到该校党建活动中心参观学习，是落实党组织共建工作的重要体现，有利于强化党史学习教育，充分体现党组织共建工作的效果。

党建活动中心的展厅以中国共产党海南地方党史时间为序，展示内容有中国共产党海南地方党史简介以及海南红色旅游现状。分别以1950年海南解放和1988年海南建省办经济特区两大事件为时间节点，分三个时期展

现1919年至2018年的近百年，海南各族人民在中国共产党的领导下，一步一个脚印，实现了从一个贫穷落后的边陲小岛到海南自由贸易试验区和中国特色自由贸易港的巨变。

海口旅游职业学校优秀大方的讲解员们，为大家详细地介绍了琼崖革命斗争的历史和海南建省后加快建设、不断发展的历史，使大家深切感受到革命先辈和海南建设者坚定信念、奋力拼搏的伟大精神，从而汲取精神养分，为今后的工作提供精神力量。

第三站：中共琼崖第一次代表大会会址

第三站，大家来到了中共琼崖第一次代表大会会址。中共琼崖第一次代表大会会址位于海口市龙华区解放西路竹林里131号。1926年6月，中共琼崖第一次代表大会在这里召开。这里是海南重要的近现代革命史迹，现为国家级重点文物保护单位。

中共琼崖第一次代表大会会址合影

中共琼崖第一次代表大会会址是中国共产党海南地区的"摇篮"，是琼崖革命的历史坐标，在琼崖人民武装革命斗争史上具有划时代的重大意义。中共琼崖地方委员会的建立使琼崖革命事业有了坚强的领导核心，开始了琼崖人民革命斗争的新时期。在中共琼崖第一次代表大会会址，大家重温了中共琼崖第一次代表大会召开的历史，一幅幅画面、一张张图片触动了大家的心灵，大家深刻感悟到革命先辈们英勇奋斗、勇担使命的精神。置身于革命旧址，了解了中共琼崖第一次代表大会召开的奋斗历史，参加活动的党团员纷纷表示，这种直观的学习、亲身的体验，让人收获很大、感悟很深，今后将继承和发扬革命精神，不断开拓进取。

百年征程波澜壮阔，百年初心历久弥新。在建党百年光辉的照耀下，我们将继续牢记使命学党史，坚定不移跟党走，不负党的嘱托，以百倍信心、百倍干劲为海南自由贸易港建设积极工作，努力办好人民满意的教育，将责任和担当传承到永远。

寻自然之美，赏千里清秋

——记2021年海口市海景学校初中部秋季研学旅行活动

王安芝

秋风千里传清韵，橙黄橘绿共悠然。为了开阔学生视野，让学生感受自然之美，培养学生的综合实践能力，海口市海景学校于2021年10月22日开展了秋季研学旅行活动。参与本次活动的七年级学生前往海南黎族原始制陶技艺馆，八年级学生前往万宁市东山岭、南海博物馆，九年级学生前往海南海口石山火山群国家地质公园、长影环球100奇幻乐园等地开展研学活动。学校在活动开展前统一给学生宣讲了安全注意事项，并制订了详细的组织方案及安全应急预案，确保活动安全、顺利开展。

一、七年级篇

七年级学生来到位于昌江县的海南黎族原始制陶技艺馆，黎族原始制陶技艺是国家级非物质文化遗产之一。在研学活动中，分别由海南黎族原始制陶技艺国家级传承人羊拜亮的女儿黄玉英（第二代传承人）和昌江保突制陶合作社的刘梅珍社长共同带领同学们欣赏黎陶作品，为同学们介绍制陶技艺的发展及制作流程。

通过陶艺的学习，学生捏、揉、搓、拉泥巴时，手、眼、脑并用，促进了左右脑的细胞活动，这对学生的手、眼、脑协调发展起到很好的作用。学生在学习体验制陶技艺的过程中，不仅能够体验制作的快乐，还能了解制陶工艺的历史变迁，传承宝贵的工匠精神。此外，学生还体验了传统竹竿舞。在有节奏、有规律的碰击声里，学生不但要在竹竿分合的瞬间敏捷地进退跳跃，而且要潇洒自然地做各种优美的动作。

七年级学生制作陶艺

二、八年级篇

本次秋游八年级学生的第一站是位于万宁市的东山岭风景区。东山岭文化旅游区位于万宁市城镇以东2公里处，由三座山峰相依而成，形似笔架，历史上又叫笔架山，是海南开发较早的旅游景点之一。大自然的灵气造就了东山岭雄奇俊致的美景。学生在东山岭感受自然奇观，领略大自然的神奇与美妙。

休息片刻后，学生们来到南海博物馆。南海博物馆位于海南省琼海市潭门镇。博物馆共设有八个展厅，是一座旨在展示南海人文历史、自然生态，保护南海文化遗产，促进海上丝绸之路沿线国家和地区文化交流的综合性博物馆。馆内现有各类藏品7万多件，包括外销文物、南海生物标本、南海历史文物及相关档案资料、历代船模等。

少年强，则中国强。通过观赏海上文物，学生感受到了中华文化的美妙；通过了解古时航海的技术和工具，学生感受到了中华民族的智慧；通过了解古代航海的历程，学生感受到了中华民族奋斗努力的精神。面向南海，以小透大，学生学习了海上丝绸之路帆樯鳞集、梯航万国的恢宏历史。研学实践带领学生走进科技世界触摸科技，探索求真，让学生在展馆中感受千里之外的南海之美。

三、九年级篇

本次秋游九年级学生首先来到了海南海口石山火山群国家地质公园。公园位于海口市石山镇，是具有极高的科考、科普和旅游观赏价值的AAAA级景区。它是中国唯一的热带海岛城市火山群地质公园，也是海南省第一家由联合国教科文组织确认具有突出且重要价值的世界级旅游景区。

来到地质公园，孩子们乘着秋风，携一卷秋意，漫步在如画的秋色中，脸上洋溢着天真幸福的笑容，滴滴清雨，沁润心扉。

参观完地质公园，学生们接着来到位于海口市秀英区的长影环球100奇幻乐园，乐园由中国区、荷兰区、德瑞联合区、英国区、西班牙区六大园区组成，依托长影深厚的电影文化底蕴，邀请世界一流设计团队进行规划，原汁原味地展现各国人文艺术与建筑特色。一下车，同学们便奔向了他们心心念念的园区。园区中的众多项目深受孩子们的喜爱，4D梦工厂、飞车特技表演、魔音剧场、星际穿越、郑和宝船等体验项目更是让学生们情有独钟。为了更好地游玩，各班还组成了一个个小分队，在趣味项目的体验中，一个个小组默契合作，快乐游玩。

九年级学生参观海南海口石山火山群国家地质公园

四、结语

活动接近尾声，同学们以小组为单位向集合地点走去，脸上泛着或深或浅的红晕，发根还带着晶莹的汗珠，与老师、同学谈论今天的所见所玩。

欢乐的秋游之旅让学生走进大自然，以探索的目光，重新审视大自然的奇妙，感受人与自然共生之美。同学们在大自然中洗涤了心灵、净化了思想，感受自然的博大和生活的和谐与精彩，感受生命的伟岸与坚毅，激发了"读万卷书，行万里路"的壮志豪情。

秋游，是一场邂逅，走进自然，感受生命之美；秋游，亦是一次研学活动，把课堂延伸到自然与社会中。微风徐来，所有美好不期而至，期待同学们与秋游研学的下一次邂逅！

铭记大美青春，扬帆启航新征程

——海口市海景学校首届毕业典礼

林根萍

时光的车轮匆匆，更替着四季的风景。一场浅秋的雨，覆盖了夏天来过的痕迹；一声声盈耳的鸟鸣，变换了冬雪弹奏的音符；一曲曲忧伤的骊歌，唱响了心底离别的惆怅。

碧云天，黄花地，长亭外，古道边，青山隔送行，疏林不作美，淡烟暮霭总相蔽，三年同窗熔烛泪，往昔峥嵘一别离。

为了纪念这个不平凡的毕业季，为了给即将远行的孩子最美的祝福，为了让离别的脚步走得慢一些，再慢一些，2020年8月11日，海口市海景学校为首届学子举行了隆重的毕业典礼。

毕业典礼

一、毕业典礼暖场篇

时光是回忆的沙漏，回忆是时光里闪烁的温柔。我想记住生命里的一分一秒，记住头顶的云和耳畔的风；记住心中那些温暖的时刻；最重要的是——记住你，我亲爱的海景少年！

视频里、图片上一张张纯真的笑脸、一个个熟悉的场景，瞬间把所有人的记忆都带回了三年前的那个夏天。那是我们缘分的开始。往后三年里，海景校园处处都是我们的故事。

铭记大美青春，扬帆启航新征程！这是一个征程的终点，也是一个征程的新起点，更是对海景少年美好未来的深深祝福。此次活动得到了学校党支部书记、校长李楚英的高度重视，得到了全体师生及广大家长朋友的大力支持和帮助。活动在主持人意气风发、慷慨激昂而又略带伤感的语言中拉开帷幕。

自办学以来，海景人不忘初心、牢记使命，致力于诠释"融美于心，化美于行，让生命与美相遇"的大美教育理念。海景学子在这里阅读四季，在这里书写奇迹。在这即将展翅高飞的时刻，他们用精心编排的节目表达自己对母校的无限眷恋。

三年的校园生活，留下了海景少年银铃般的欢笑声；三年的校园生活，留下了海景少年磨炼翅膀的背影。三载励志求学，一朝鲲鹏展翅！即将远去的少年啊，请牢记母校师长的谆谆教诲，牢记李楚英校长的深情嘱托，在今后的人生旅途中，奋勇拼搏，登上人生的顶峰！

二、毕业典礼第一篇章——同学缘

三年来，首届81名海景学子携手并肩，在无涯学海中乘风破浪，在有径书山上奋勇攀登，经历无数风风雨雨，一路征战，终于在2020年这个与众不同的夏天，遇见彩虹。好样的——大美少年！

周晗韵同学的独舞《咏荷》，再次将"大美"演绎到底。

有一种花，洁白淡雅；有一种花，开在盛夏；有一种友情，叫同学情谊；有一种经历，叫青春有你！吴宣琳、车雨芊、邹雨轩、徐文祥几位同学带来的《栀子花开》唱出了海景学子浓浓的同学情。

三、毕业典礼第二篇章——父母恩

"慈母手中线，游子身上衣。临行密密缝，意恐迟迟归。谁言寸草心，报得三春晖。"深深父母恩，殷殷儿女情，即将远行的孩子，鲜花可以枯萎，沧海可变桑田，但父母的爱必当永存心间！家长代表许琪琛妈妈吴燕女士的致辞道出了所有家长的心声。

鲜花朵朵吐芳菲，万紫千红情妩媚。三年来，我校各项工作得以顺利开展，离不开家长朋友的大力支持与帮助。在这奏响骊歌的时刻，一簇簇娇艳欲滴的鲜花，是海景学校的诚挚感激。

四、毕业典礼第三篇章——老师恩

"'大鹏一日同风起，扶摇直上九万里。'回首初中三年，是成长的三年，更是收获的三年。一千多个日子里，有欢乐有悲伤、有激情有喜悦。感恩老师的悉心教导，感激父母的辛勤付出，感谢同学的温暖陪伴。"学生代表陈泽基同学的肺腑之言，道出了每一位毕业生对母校的感激与留恋，也道出了对美好未来的憧憬。

今日毕业不仅是人生一个阶段的终结，更是人生一个新征程的开端。明日你们将带着各自的梦想，驾驭生命之舟在新的岁月港湾里乘风破浪。

过去三年，大美海景的校园里处处留下了老师和同学们在一起的身影，留下了难忘的师生情谊。师恩难忘，无以言表，千言万语尽在歌声中。一曲《每当我走过老师的窗前》深情地歌颂老师默默耕耘、无私奉献的精神，同时深切地表达对老师的尊敬与爱戴之情。

五、毕业典礼第四篇章——母校情

无论黄昏把树的影子拉得多长，它总是和根在一起。同学们，无论你们走到哪里，请记住母校永远是你们前进的坚强后盾；母校的老师时刻关注着你们的每一点进步，你们的成功将是老师最大的安慰和骄傲！欢迎大家常回来看看，看看你们的老师，看看你生活过的充满生机和活力的母校。教师代表麦春艳老师的发言，字里行间都是不舍与牵挂。

三年的拼搏进取，你们在这里播种岁月、你们在这里收获喜悦。亲爱的海景少年，你们长成了最美的自己。从李校长手里接过的毕业证，是你们远行的号角，是你们再次起航的风帆。祝福我大美少年像雄鹰般展翅高飞。

天下没有不散的筵席，今天的分别是为了明天更美的相遇。母校的恩情将永存心中。一份临别赠礼，感谢师长恩，珍藏母校情。

六、毕业典礼第五篇章——展望未来

奋力前行吧，亲爱的孩子，母校会一直在你们身后，愿你们践行融美于心，化美于行，愿你们在人生前行的路上，以梦为马，不负韶华！

三年的锤炼，你们告别了青涩，忘记了鲁莽，学会了思考，收获了成长。祝福所有海景人——明天会更好。

毕业合影

大美海景，感恩遇见，让生命与美相遇。融美于心，让真诚与爱相伴；化美于行，让言行与善相随。亲爱的海景少年，母校在这里望着你们高飞，等着你们凯旋。祝福你们——求学之心长留存，少年志气恒久远，归来依旧海景人！

七、后记

2020年是特殊的一年。这一届毕业生是海景学校创立史上的第一届毕业生，而此时正值新冠病毒在这个星球上快速传播。为了让这场典礼能够顺利开展，海景人克服了重重困难，他们如战士捍卫阵地一般，在自己的岗位上默默奉献着。他们不辞辛苦、不计报酬，就为了把最精彩、最难忘的一幕幕留给即将远行的学子；同时为了给漫漫征途上的大美海景留下最清晰的印记。为这个年轻而团结、有爱、能干的团队点赞！

一张有灵魂的网

卢开贤

今天，一位友人看了我写的《一个人的老师》后感到惊叹，发信询问我：班主任管理工作需要织一张怎样的"网"才是有"灵魂"的网？这张网隐藏着怎样的"哲学"含义？

我们一起探讨关于"网"的含义，我说什么是"牵一发而动全身"。给一个未成年的孩子讲大道理，有时候，自我感觉是"对牛弹琴"——吃力不讨好。经历是经验和思考的凝练，没有经历过的事，就不会"感同身受"，他们是不会理解和支持你的观点的，他们总会认为是你在"瞎掰"，"左耳进，右耳出"是他们自我防护的首选措施。

班主任的站位应该是一个顶层设计的角色，把蓝图和架构构建起来，如何搭配最佳的颜色就交给孩子们去思考，进而做出最佳的研判，以达成真正的教书与育人协同发展。

社会的矛盾，归根结底是人与自然可否和谐共生的矛盾。用数学的思维去理解"教书与育人"，其中也隐含着奇妙的哲学问题，本身也是命题和逆命题的关系。只是有时候它们被功利化，凸显教书而淡化育人的功能。

这些年，我阅读了多部关于青少年年龄特征的书籍，如《教育，向美而生》（郑英，著），《学与教的心理学》（皮连生，主编），《陶行知教育文集》（胡晓风等，编），《发展心理学》（［美］罗伯特·S.费尔德曼，著）等，学习了不少关于青少年成长的烦恼和需求的知识，但是我始终奉行"实践是检验真理的唯一标准"。而书籍只是一种必要的参考，

我们应反对本本主义和教条主义。

孩子在成长过程中所使用的"器具"是一个时代的特征和印记，是不可重来或者复制的。那么，新时代背景下，新一代青少年又如何让自己的少年时光留下成长的烙印？我们常冠名为"游戏"。早期电脑兴起之初，"电脑游戏""QQ聊天"是主角，随之而来平板电脑普及，接着是"微信"流行，现在是"刷抖音"等。因此，国家出台"五项管理"政策，以规范青少年对手机和网络的使用。

科学探索新时代青少年健康快乐成长的路径，应当成为我们教育工作者最迫切也是最必要的教育本真和教育最该有的初衷。

一、点亮同心灯，搭建少年理解的平台

随着年龄增长，我们总是不自觉地回想起童年时光，特别是和从孩童时一起长大的玩伴一起谈天论地的时候。童年记忆总是滔滔不绝，而且每一件事都让人回味无穷，让人兴奋和快乐。

生活本就是一本好书，不仅教给人知识，还成就人的技能；不仅给人以物质的满足，还给人以精神的抚慰。

因此，我总是认为，去除功利，让孩子在本该快乐成长的童年时代，用心去感受生活的意义，而不是整天被囚禁在所谓的"书本知识"里。人的发展有"快""慢"之分，所以遵循人的成长规律更有利于培养复合型人才。

（一）站在青少年年龄特征点，设计成长空间，让心灵同频对话

初中阶段的青少年时期，一个人的心智和思想才"初出茅庐"，正处于朦胧阶段，模仿和跟风心理正处在高发期，其行为能力极强，极易失去控制，容易造成不可预见的后果，这就是初中容易出现"校园欺凌"的原因。有人认为这种说法有失偏颇，毕竟大多数孩子是"好的"。大多数孩子是"好的"，这种说法没错，但是要看到好的成因在哪儿。比如，受家风家教等家庭背景的影响，有些孩子顿悟"温和"，而有些孩子心理上长期遭受"家暴"，性格容易懦弱；有些孩子则规矩意识比较强，比较敬畏惩罚。

家庭不仅是每个人的居所，更是每个人的避风港，自然是每个孩子最坚实的后盾。这就是为什么很多"问题孩子"的背后都有一个支离破碎的家庭，至少是不再和谐的家庭。

那么，作为学校的教育工作者，我们有没有责任和义务深思这样的问题呢？答案是肯定的。

我们搭建一个模拟家庭，让孩子们参与，让他们感受和领悟每一个角色，从而让他们理解生活，体验什么是责任，什么是担当。当他们懂得、理解的时候，学习将不再是痛苦的事，做人处事也不再是困难重重。

（二）在游乐中追寻孩子成长的足迹，家校联动探索适合成长的道路，发挥寸之所长，规避尺之所短

人的天性就是玩，特别是孩童时代，吃和玩是不可替代的，这就是体育课总比文化课令人兴奋的原因。当然，孩子们的游乐一定是积极的、健康的。我的学生小穆，可以说是一个地地道道的"弱生"，每门成绩都是倒数，而且是个位数，这是每位科任老师心中抹不去的痛。但是他对画画有坚定的意志。每当同学们在题海中"奋力苦战"的时候，他却沉浸在自己的"童画视界"里。在我的建议下，父母让他选择走美术特长生的道路，他最终顺利升入高一级学校继续编织自己的梦想。

二、赠予一粒种子，培育生长的沃土

（一）给思想松绑，给心灵放假，做知性长者

很多时候，苦口婆心的说教并不会取得预想的效果，亲身体验才是最好的教育方式。引导和鼓励孩子勇敢地去体验生活，从中得到的感悟比说教来得真切、深刻。

一天，一位年轻的妈妈敲开我的家门，一脸无奈的苦相，一进门就噼里啪啦地倒起了苦水："烦死了，我都抑郁了。"经过深入交流，我得知，孩子是"大家庭的独女"，由于年幼时做过肢体手术，加之是重组家庭，父母感到愧对孩子，因此对她疼爱有加，导致她现在"随心所欲"。如今，为了不让孩子偏离正轨，家长可以说是"想尽办法""费尽周折"，但是收效甚微，甚至起到反作用，眼下孩子又出现早恋迹象。

我说："您认真和孩子交流过吗？"她说："谈了呀，她提出的学这个学那个我都满足她了，同时我也要求她满足我的要求，如今她都没有实现，气死我了，我都快疯了。"我问了一句："孩子选择的原因是什么呢？如果遇到困难有应对措施吗？"她无言以对，沉默了片刻，然后说："选择就要坚持，就要负责。"一个十几岁的孩子负什么责？怎么负责？作为家长，我们不但要了解孩子为什么喜欢这项"技能"，还要分析这项技能对孩子未来的影响，乃至可能产生的效果（如职业谋生、精神需求），以及在不可预见的学习过程中遇到的困难。坚持和放弃都是一种选择。人不怕选择，怕的是"随心所欲"，做出没有理性分析、不负责任的选择。陶行知先生说：生活即教育，社会即学校，教学做合一。

（二）是否获得幸福的要因是心态和坚持

一粒种子要成为树木，无非三种结果：一是扶摇直上九万里——成栋梁；二是奇妙无比，奇形怪状——成盆景；三是平平淡淡，成灌木。谁的价值高？平台不同自然价值各异，正所谓"天生我材必有用"。选择了就要实事求是地坚持，并且要不断进行自我革新，创造自己的优势，增加自己的附加值，摆正心态，追寻自己那一缕阳光，长成自己希望的模样，这才是最重要的。

三、描绘一张网，助力梦想启航

人们常把"教师"工作称作"良心活"，尽不尽心全在个人。其实不尽然，教师是教育工作者的一个称谓，工作本身就是事业。站在事业的角度去认同，教育才不会感到"累"。编织一张有温度、有广度、有深度的教育网，不仅要有教育情怀，还得有理性、有举措、有效应，让这张教育之网惠及每个学生。师者，当怀一半诗心一半匠心。

老师就是那个手里拽着网线的渔翁，只有拽紧每个网结，才可能有收获的喜悦。我给班级设计的口号是"团结正义，忠诚担当，甘于平凡，服务人民"。一个班级重在团结，老师应注重培养学生的集体观，润育大局观，铸就格局形态。学习科学文化知识的初衷就是对人类文明的传承和发扬，这本身就是正义的事业，青少年是后继事业发展的有生力量，忠诚是必然的品格，担当是作为的诠释，只有甘于平凡，不断自我革新，才有能力为人民服务，为人类全球化的命运共同体添砖加瓦。

教育要站在高位去诠释，它本身是人类文明进步的事业，渗透于各个层面、各个领域。我们教育工作者能做的就是赋能于每一个被教育的生命，让生命与美相遇。

融爱于心，化爱于行

——记我的教育故事

苏艳杰

从教20余年的我，一直在教育教学一线奋斗。在这期间，有耕耘、有收获，虽繁忙、辛苦，但更多的却是得到学生的喜爱、家长的认可和领导的肯定后的幸福。

一、可咸可甜，做个智慧的老师

一次家长会后，一位家长和我说："苏老师，您说话太有艺术了！"我听后微微一笑，没当回事。结果家长连说几次后，我感觉事出有因，就忍不住问了一句"我说什么了"。通过家长的描述，我才明白，家长的想法来自我对一次课堂意外事件的处理。

一天数学课堂，我发现小李同学在偷偷吃糖果。其实小学生自控力差，这种小意外是很普遍的事情。但是我并没有大发雷霆，也没有批评小李。我像平时说话一样平和地对小李说：拿到老师这里来。小李同学乖乖地把一盒糖果给了我。我接过糖果对孩子们说：我要把这个糖果奖励给认真听课的同学。谢谢小李给大家带来的奖励！接下来，孩子们为了得到奖励，在课堂上表现都非常出色。我也遵守诺言把糖果奖励给了表现最优秀的和进步最大的几个孩子。这样处理，我出于两种考虑：一是保护孩子的自尊心。批评固然有效，但是批评轻了不起作用，批评重了会伤害师生关系，小李也会被冠上"贪吃"的罪名。因此，我把"批评"转化为了"感谢"。二是让学生知道老师处理这件事情的方法和态度。知道了老师会把东西奖励给同学们，学生要不想分享就不把零食带到学校，带了就要做好和大家分享的准备。这样，学生再想带零食到学校时就要好好考虑了。当然，也有学生主动把自己的物品带给我当作奖励的，奖励之后我会组织同学们对带奖品来的学生表示感谢。这样，老师不但不愁没有奖励，带奖励来的学生也会很自豪。

只要老师用心，教育学生时就能化"事故"为"故事"。

二、可大可小，做个心态平和的老师

俗话说"国有国法，家有家规"，同样，课堂也有课堂的要求。但是，在日常教育教学中，学生没有按照老师要求完成该做的事其实是很常见的。当学生没有按要求做时，老师怎么处理才能巧妙地解决这些小问题呢？做了20多年的老师，我对学生的各种小动作和小错误其实已经司空见惯。比如，课前没有准备好学习用品，没有带学具，等等。我是怎么处理这些小问题的呢？先看看家长和学生的态度吧。

最近，有几位家长和我沟通孩子情况时经常提到的一个词就是"温柔"。即使孩子犯了错，家长也没有对他们发脾气，而是柔声细语地对他们说。不只是家长，也有些教过的孩子下课找我聊天时会说"苏老师，某老师好凶啊！动不动就吼一声把我们吓一跳"之类的话。回顾自己的教学经历，其实我初站讲台时，也是这样的老师。当时的我认为只要我严厉、只要学生怕我，学生就能好好学习这门功课。但是，随着年龄的增长和教学经历的丰富，我改变了这种认知：让学生怕老师，学生的学习动力只是暂时的。只有让学生爱上老师、爱上这门学科，学生才有动力在这门学科上不断探索。教育学生，我们应该做到润物无声，让学生心服口服。靠发脾气、吼学生并不能达到教育学生的目的。

因此，教育学生，我们要心态平和，"以柔克刚"。

三、宽严相济，做个有温度的老师

我的班里有一位许同学，她文文静静，从不多言，写的字工工整整，作业完成得非常规范，老师提的要求她都一丝不苟地执行。在一次随堂检测中，因一道题出现失误而错失满分，她罚自己回家每天做一份试卷。但

毕竟只是一个一年级的小朋友，有疏漏也是难免的。一次数学早读时，我发现许同学没拿出课本读书，就问是什么情况，她回答我说忘记带了。于是我就和她爸爸联系，请家长帮忙把书送到学校，以免影响数学课的学习。虽然家长口头答应，但是并没有把书送到学校。当天下午，许同学告诉我，她中午回家被罚站了半个小时。我问，是因为上午没带书吗？她点点头。我心里顿生自责之感：这样乖巧的一个孩子，我本想帮她，却因不知道家里对她要求这样严格，反而害她被罚站。家长对孩子的要求会影响到老师对学生问题的处理。于是，我在心里默默记下了这件事，想着这个孩子再犯错误，要斟酌处理。

不久后的一次数学课上，在课前口算环节，我说"没带练习本的站起来"（开学初，我给每个孩子发了一个单行簿做练习本，每天课前用于老师说算式，学生记算式写答案，要求用完夹在数学书里），站起来的孩子中有许同学。我对学生们说："老师现在把你们的名字记下来发到群里，看你们下次上课能不能记住带练习本。"于是我拿起手机边报算式，边编辑信息，信息编辑完后，我在班上又点了一次没带练习本的学生名单以示确认，但是我的信息里面并没有记录许同学的名字，而是其他几个经常不带练习本的同学。课后，我悄悄找到许同学对她说："你今天第一次没带练习本，老师原谅你，这次先不告诉你家长。你以后肯定会记得带，对吗？"她重重地点了头。我相信她能说到做到！

教师行业流行一句话："教学有法，教无定法。"其实，这句话不仅适用于教学，也适用于育人。在当今"双减"背景下，教育部提出"五育并举"，把学校教育的育人功能再次提到一个新高度。德育绝不仅仅是靠上几节班会课和几节道德与法治课就能达到目的的，而是要融入老师们具体的言行举止和对学生各种问题的处理。热爱学生，热爱教育，融爱于心，化爱于行！

音乐课堂教育手记

丁文娟

　　这天，六年级的教学课程是歌曲《蓝天向我们召唤》。课堂上，我对歌曲做了简介，之后让学生初听全曲说感受。有学生说想去参军，但军人会有牺牲。

　　为此我调整了课堂节奏，从人固有一死，或重于泰山，或轻于鸿毛，到雷锋精神代代传，再到无数共产党人救中国，最后到航天英雄杨利伟，在我讲到他在北京航天训练中心的五次考核中两次99分、三次满分的时候，教室里掌声迭起。接着，我又说：中国70余年，砥砺前行，幸福，安康，繁荣，富强！就是因为有千千万万个你们的默默付出！丁老师希望能够看到长大后英雄的你们、保家卫国的你们、国人骄傲的你们！孩子们都用发光的眼睛看着我，掌声再一次响起！

　　这堂课快结束的时候，我给孩子们布置了音乐课作业，回去以后看两部电影和听一首歌曲：电影《中国机长》《我和我的祖国》，歌曲《我爱祖国的蓝天》。要求孩子们下节课的时候跟大家分享这两项作业给自己带来的收获。

　　作为一名一线教育工作者，怎么爱国，如何爱国？不需要等祖国召唤，祖国也不需要你去战场！把眼前工作做好，把教育做好！这是百年大计，也是教育的战略意义！因为，有国才有家，有家才有我们！

　　我好像妥妥地把一节音乐课上成了思想政治课，给自己点个大大的赞！音乐是灵魂的渗透、美的体现。所以我认为，在音乐教学过程中最重要的是聆听和感受。音乐、美术等，不仅仅是单纯的艺术欣赏，它们其实都是相互融通的，也更承载着思维、承载着情感。如何能让它们更好地融合，真是一个很不容易的话题！因此，音乐课不能仅仅从技术的角度来授课，更要找寻它背后的故事，挖掘它的情感，赋予它新的生命。

在具体的教学中，首先要养成聆听的好习惯。在教学过程中，你会发现孩子们之间的竞争意识还是很强的。老师一句鼓励的话、一个鼓励的动作，都能引起孩子们的高度重视。学习中变换方式鼓励才可以达到较好的教学效果。在以后的教学中我还将继续努力，努力让孩子们爱上学习、爱上音乐课，让他们一个个成为有审美、有认知、爱国、爱家的人！

师者，传道授业解惑也，唯此情不可负！

我的成长之路

攸佳仪

我成长在教师之家，或许成为一名教师是顺其自然。直到真正走上讲台，我才发现，成为一名合格的人民教师不是只有备好课、上好课那么简单。

作为小学教师，我们除了上课之外，还承担着树立孩子的人生观、价值观的任务。通俗来说，教师的一举一动都会潜移默化地影响身边的孩子们。我刚入职两个月，还不能说自己是一名合格的人民教师，但我相信我做到了"言传身教"这四个字。我将从两方面说一说入职两个月的经历。

第一个方面是教学层面。说到教师，首先想到的就是教学能力。第一次踏上讲台进行有生讲课，我是忐忑紧张的。即便反反复复地进行了演练，在课堂上还是出现了孩子虽明白我讲的是什么，但依旧没有创作思路的情况。这让我很是着急。如果不能让孩子有创作思路，这节课无疑是失败的。于是我请前辈听了我的课。前辈指出理论知识与实践无法很好衔接的问题后，我调整了引导思路，果然第二节课就有了明显效果。不断地研磨教材，寻找创新且灵活多变的课堂教学方式，已经成为我备课的重中之重。到现在，每个学生都能在课后高兴地将作品展示出来。我现在也不会害怕孩子提出"高难"问题，因为有了这些问题，我才会有进步的动力，承认自己知识点不扎实一点儿也不丢人，和学生共同进步也是一种幸福的体验。

第二个方面是育人层面。孩子小打小闹免不了摩擦，两个月以来，我也处理了几场"纷争"。倾听孩子们的阐述，了解背后的原因，让他们学会相互和解，这不仅是尊重孩子，还是在教授他们以后遇到这样的问题该如何解决。在处理墙皮掉落应该哪班打扫这个"案件"时，我强调校园环境应该由我们大家共同维护，无论是师生谁看到，都有义务打扫干净，而不是互相指责。同时，每当我看到走廊有垃圾时也会主动拾起，希望可以达到耳濡目染的效果。

我认为一名合格的人民教师，除了具备善良、有责任心这样的基本素养外，还应该有耐心和不断学习的意愿。"冰冻三尺非一日之寒"，孩子的行为习惯不是一两天就能改正的，这就需要教师不断地耐心引导。时代在变，教师也应该跟随时代的脚步来教育祖国的花朵。我将抱着虚心学习的态度，向各位前辈老师学习，争取早日成为一名合格的人民教师。

中 篇

论文成果

"小学美术超轻黏土校本课程的开发与实施研究"课题研究报告

张玉秀

一、课题概述

（一）问题的提出

1. 问题：学校小学美术校本课程的碎片化

在美术课程标准实施的背景下，作为海南省海口市的一所新建学校，我校的美术课程如何能从学生全面发展的美育目标出发，开发出适合本校的完整性校本课程并深入实施，一直是我们在探索的课题。超轻黏土颜色丰富，有易于捏塑、与其他材质的结合度高等特性，无疑是美术教育最佳素材。学校以超轻黏土课程为切入点，研究特色校本课程的开发与实施，形成完整性校本课程的成果，对改进美术教学实践、培养学生美术素养、打造学校课程特色、提升学校办学品位都具有重要意义。

2. 透析：学校课程开发的逻辑框架不明

校本课程开发首先要确定的就是课程的逻辑框架，学校超轻黏土校本课程开发缺少基本的逻辑框架，主要体现在以下五个方面：课程目标不明确、课程内容不具体、课程设计单一、课程实施无保障和课程评价缺失。具体表现为：教师在课程开发中存在随意性和盲目性，课程内容无主题，没有体现学段的差异性和递进性；只停留在超轻黏土这一单一学习材料的创作中，学生的创新能力和表现能力受到制约；没有将校本课程与国家课程相结合，课程设置不能面向全体；将课程评价只理解为课堂教学中的评价环节，缺少自主多元的评价体系。

3. 方向：开发完整性课程体系

国家基础教育改革。基础教育课程改革，建立了国家、地方、学校三位一体的课程体系，《基础教育课程改革纲要》提出："学校在执行国家课程和地方课程的同时，应视当地社会、经济发展的具体情况，结合本校的传统和优势、学生的兴趣和需要，开发或选用适合本校的课程。"

（二）研究现状综述

1. 国际现状

超轻黏土最早在日本盛行起来，后流行于欧美、韩等国家，它是一种新的手工造型材料。超轻黏土其实是纸黏土的一种。它超轻、不黏手、无毒、自然风干、颜色鲜艳、保存时间长，而且捏塑起来更容易、更舒适、更适合造型，小学生可以很快做出一件作品，因此深受小学生的喜爱。美国教育家布鲁姆说："学习的最好动力是对学习材料的兴趣。"

2. 国内现状

李琍在《教育探究》2016年第2期发表的题为《小学超轻黏土校本课程的开发及教学》一文中写到：超轻黏土的特性非常适合小学生的年龄特点。从2011年开始，其校持续开展了超轻黏土校园特色的课程与活动，在明确了黏土课程的目的和任务的基础上，通过在美术教材中渗透超轻黏土教学；结合少年儿童喜爱的卡通、动画，塑造活泼现代的黏土形象；传承中华文明，塑造内涵丰富的黏土形象等几个方面的教学尝试，让小学生们喜欢上黏土课程，丰富他们的塑造能力、想象力、创造力。该论述为我校超轻黏土校本课程的开发提供了借鉴。我校立足本土文化进行了课程内容的开发。

3. 省内现状

省内市场上的儿童手工坊中应用超轻黏土较为广泛，有的独立成形，有的借助磨具或其他支撑物，以普通的手工制作为主，虽然效果精美，但艺术性不够强。社会上超轻黏土DIY盛行，许多家长要支付昂贵的学费才能去培训机构学习几种超轻黏土的制作方法，而其过程大多是机械式的模仿制作。

4. 学校现状

"超轻黏土"这一新型材料已经广泛应用于中小学和幼儿园的美术课堂教学或社团活动当中，但均没有以美术新课程标准为指导。我校自2017年建校起研究超轻黏土在小学美术课堂的应用，于2019年获得了小课题研究省级一等奖。学生喜欢用超轻黏土进行美术创作，家长支持，老师有研究热情。

（三）核心概念界定

"超轻黏土"是纸黏土里的一种，简称超轻土，捏塑起来更容易、更舒适，更适合造型，且作品很可爱，在日本比较盛行，是一种兴起于日本的新型环保、无毒、自然风干的手工造型材料。

"校本课程开发"即学校对学生未来发展需要进行分析后，确立协助学生发展、凸显学校办学理念、生成学校特色、促进教师职业发展等目标，根据校内外环境资源的供给及配置，针对本校学生，以学校为开发主场地，由教育活动参与者进行设计编制实施、反馈、调整生成等程序的课程开发动态过程。

二、研究设计

（一）研究目标

总目标：通过超轻黏土校本课程的开发与实施，提供丰富的美术课程，使学校美术课程结构更合理；使教师的教学理念进一步更新、教学手段进一步优化；使每一位独具个性的学生在美术课程学习中得到充分发展。具体目标主要表现在以下五个方面。

1. 确立课程的总目标及学段目标

结合美术新课程标准的课程总目标与学段目标，确立小学美术超轻黏土课程的总目标与学段目标。

2. 开发三类课程内容

依据四个学习领域课程目标结合美术题材开发了三类课程内容，设立"根茎叶"课程内容；立足本土文化开发主题课程内容；建立综合实践类开放性课程内容。

3. 拓展多种材料表现的课程设计

以"超轻黏土与多种材料结合"为创作素材，丰富课程设计。

4. 建立"单双周、二连堂"的课程实施模式

构建"同型异构""一物三变""小组合作"的学习方式，面向全体学生授课。

5. 构建自主多元的课程评价

构建以学生自主评价为主的课程评价，建立多元的课程评价体系，形成科学的评价机制。

(二) 研究内容

1. 研究课程的总目标及学段目标

课题组成员通过对义务教育美术新课程标准和校本课程开发相关理论的研究，通过采用"问卷法""观察法"等方法进行学生美术学情分析，结合本校实际，依据《义务教育美术课程标准（2011年版）》"造型·表现""设计·应用""欣赏·评述""综合·探索"四个学习领域来设定"小学美术超轻黏土校本课程"的学习目标，结合美术新课程标准的课程总目标与学段目标，确立小学美术超轻黏土校本课程的总目标与学段目标。

2. 研究主题化课程内容

研究课程开发的逻辑框架，深入挖掘人教版和人美版的全套教材内容，了解其编写意图，按照四个学习领域课程目标，从美术表现题材开发三类题材的内容：第一类"根茎叶课程"，第二类"海洋文化、黎寨风情、经典故事、我的家乡"本土主题课程，第三类"现场制作、义卖分享"开放性课程。同时将课程内容分解成若干个小课题，并根据分解后的小课题来分配每位课题成员的研究任务，确保每位教师都能深入参与课题研究全过程，为本课题的研究提供丰富的课程内容。按三个学段创编三册校本教材。

3. 研究多种材料表现的课程设计

深耕专业，加大美术专业的学习，凸显学科本位，深入研究泥塑、陶艺等传统艺术与超轻黏土技法的结合，通过网络学习、关注公众号、订阅专业书籍、观摩研究优秀超轻黏土作品，探索符合我校学生学习的超轻黏

土与多种材料结合表现的课程设计。研究创编校本教学设计选编、微课、多媒体课件等课程设计资源。

4. 研究"单双周、二连堂"的课程实施模式

学校教务处将全校每个班的一周两节美术课安排为两节连堂课，同时将校本课程排进每周两课时美术课的课表中，通过"单双周、二连堂"的课程实施模式，探索将超轻黏土校本课程与国家课程相结合，单周学习国家教材内容，双周学习校本教材内容，确保了美术校本课程的实施。

5. 研究自主多元的课程评价

注重生活，多元评价。研究教师课堂教学评价。学生课堂学习评价，在课堂上小组展示作品，自评互评。在主题节日，将自己制作的作品赠予亲朋好友，获得生活评价。在学校校园文化、主题活动中展示自己的作品，形成对自我的高度评价。有多元的自主评价体系，学生美术学习兴趣更加持久，学习的获得感更强。构建以学生自主评价为主的课程评价，建立课堂评价、评价延伸、回归生活、营造氛围、自我评价等自主多元的课程评价体系，形成科学的评价机制。

（三）研究方法

1. 文献研究法

通过对与本课题有关的理论学习和研究，了解超轻黏土课程一般采用的教学策略和教学方法；通过收集利用有关资料，不断完善本课题的研究方案。采用问卷法、观察法等方法进行课题实施有效性的调查，为本课题的研究提供翔实的理论依据。

2. 行动研究法

结合个案研究和经验总结法，采用录像技术、案例分析等手段对课题实施情况进行记录。根据课程开发的逻辑框架，按照逻辑主题将课题分解成若干个小课题，并根据分解后的小课题来分配研究任务，确保每位教师都能深入参与课题研究全过程，并在大课题组的统筹规划下，相对独立地完成其中一个小课题研究。

3. 调查研究法

针对超轻黏土课中学生学习兴趣不强、课堂参与性不高等现象，通过调查研究摸清问题症结所在，使研究工作具有针对性和成效性。

4. 经验总结法

采用经验总结法，定期组织实验教师交流研究体会，广泛总结实验教师先进的教学经验。及时收集整理学生作品、教师教学设计，对教师实验的各种典型经验进行总结，并撰写实验报告。

（四）创新之处

本课题的创新点在于建立小学美术超轻黏土校本课程的完整课程体系，体现在以下三个方面。

1. 课程内容

突破学科本位的限制。将美术义务教育教科书中的课程内容与超轻黏土课程内容整合，与泥塑课程相融合，结合多种材料进行表现，开发与实施一系列具有完整知识体系的超轻黏土课程内容。学生学习的内容不再局限于教材，以学习内容为突破口，突出"全面育人"的理念。

2. 课程实施

将超轻黏土校本课程与国家课程相结合，将美术校本课程排进每周两课时美术课的课表中，面向全体学生授课。为美术校本课程的研究提供了一种新的思路和实践范式。

3. 评价体系

突破唯美术技能的评价模式。通过课堂评价、评价延伸、回归生活、营造氛围、自我评价等形式，构建了自主多元的课程评价体系，更有利于学生美术核心素养的发展。

三、研究过程

该课题的实践与研究经历了以下三个阶段。

（一）准备阶段（2019年9—11月）

组建课题组，参加课题申报培训，确定课题名称"小学美术超轻黏土校本课程的开发与实施研究"；制订课题研究方案，明确人员分工；调查学生美术学习现状、教师课堂现状，研究分析相关文献，邀请三位专家参加课题开题报告会，依据专家的指导意见，调整课题研究的内容。制订课题研究方案，做好课题研究前期的各项准备。发放学生美术材料采购清单，全体课题组教师参加各班家长会，介绍超轻黏土校本课程对学生的全

面发展所起的积极作用，动员家长积极支持学生学习超轻黏土校本课程，为学生准备一盒超轻黏土，并及时鼓励和表扬学生。

（二）实施阶段（2019年12月—2021年12月）

①课题组成员开展文献学习与研究，主要学习义务教育美术课程标准、校本课程建设、超轻黏土技法研究的相关理论。②结合课程标准制定超轻黏土校本课程的课程总目标和分目标。安排课程设置，每周两节连堂授课。③依据校本课程目标初步拟定第一学段课程内容。④教师按计划进行跟踪实验。（录制课堂实录、进行个案研究、了解课堂实际效果、教师及时反思及时记录）⑤确定第一学段课程内容，完成课程设计。⑥分阶段召开课题研讨会，针对问题制定对策，并积极实践。⑦确定第二学段课程内容，完成课程设计。⑧通过个案研究，总结经验，撰写相关论文并发表。⑨分学段举办学生超轻黏土现场制作大赛。⑩组织社会实践活动"分享成果　收获快乐　海景学校超轻黏土义卖活动"。⑪在实践中完成课程评价体系的建构。

（三）总结阶段（2022年1—4月）

校本课程完整课程体系的架构。编著《海口市海景学校超轻黏土校本教材》《海口市海景学校超轻黏土学生作品集》《海口市海景学校超轻黏土教学设计选编》，收集整理课题研究的过程性资料，进行分析、归纳、提炼、总结，撰写研究报告，申请成果鉴定。

四、研究成果

（一）成果概述

以美术新课程标准的四个学习领域（造型·表现、设计·应用、欣赏·评述、综合·探索）为逻辑框架开发课程，将美术义务教育教科书的课程内容与超轻黏土课程整合，从课程目标、课程内容、课程设计、课程实施和课程评价五个方面开发了具有完整课程体系的超轻黏土校本课程。体现在以下几个方面：结合课标明确了课程的总目标及三个学段目标；立足本校现状开发了三类课程内容；丰富了以"超轻黏土与多种材料结合"为表现形式的课程设计；建立了"单双周、二连堂"课程设置，确保课程实施；构建了自主多元的评价体系。

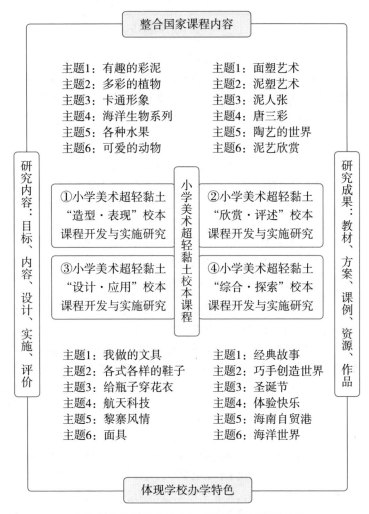

整合国家课程内容

主题1：有趣的彩泥　　主题1：面塑艺术
主题2：多彩的植物　　主题2：泥塑艺术
主题3：卡通形象　　　主题3：泥人张
主题4：海洋生物系列　主题4：唐三彩
主题5：各种水果　　　主题5：陶艺的世界
主题6：可爱的动物　　主题6：泥艺欣赏

研究内容：目标、内容、设计、实施、评价

小学美术超轻黏土校本课程

①小学美术超轻黏土"造型·表现"校本课程开发与实施研究

②小学美术超轻黏土"欣赏·评述"校本课程开发与实施研究

③小学美术超轻黏土"设计·应用"校本课程开发与实施研究

④小学美术超轻黏土"综合·探索"校本课程开发与实施研究

研究成果：教材、方案、课例、资源、作品

主题1：我做的文具　　主题1：经典故事
主题2：各式各样的鞋子　主题2：巧手创造世界
主题3：给瓶子穿花衣　主题3：圣诞节
主题4：航天科技　　　主题4：体验快乐
主题5：黎寨风情　　　主题5：海南自贸港
主题6：面具　　　　　主题6：海洋世界

体现学校办学特色

小学美术超轻黏土校本课程的开发逻辑框架图

1. 课程目标

依据《义务教育美术课程标准（2011年版）》课程总目标来设定"小学美术超轻黏土校本课程"的学习目标（见下表）。

小学美术超轻黏土校本课程总目标

学习领域	目标描述
造型·表现	观察、认识与理解线条形状、色彩、空间、明暗、肌理等基本造型元素。运用对称、均衡、重复、节奏、对比、变化、统一等形式原理进行造型活动，增进想象力和创造意识。有意识地运用造型元素和形式原理参与造型表现活动。在作品中表现物体近大远小的空间关系。运用对比色、邻近色表现适当的主题
设计·应用	了解设计与超轻黏土相关的知识、意义、特征、价值以及"物以致用"的设计思想。知道用超轻黏土设计的基本程序。学会超轻黏土创意设计及制作的基本方法。逐步发展关注身边事物、善于发现问题和解决问题的能力。感受超轻黏土的特性，根据意图选择材料，合理使用工具和制作方法，进行初步的设计和制作活动，体验设计制作的过程，发展创新意识和创造能力。养成勤于观察、精于制作的行为习惯和耐心细致、团结合作的学习态度
欣赏·评述	感受自然美。了解泥艺作品的题材、主题、形式、风格与流派。知道重要的美术家和美术作品，以及美术与生活、历史、文化的关系，形成审美判断能力。学会从多角度认识与欣赏泥艺作品，逐步提高视觉感受、理解与评述能力。掌握美术欣赏的基本方法，能够在文化情境中认识美术。提高对陶艺、泥塑、彩陶、超轻黏土美术作品的兴趣，形成健康的审美情趣，崇尚文明，珍视优秀的民间美术，增强民族自豪感
综合·探索	了解美术各学习领域的联系，以及美术学科与其他学科的联系。借助美术学科与其他学科融会贯通的方法，提高解决问题的综合能力。认识美术与自然、美术与生活、美术与文化、美术与科技之间的关系，进行探索性、综合性的美术活动，并以各种形式发表学习成果，用文字、图像等形式记录调查结果，能讲述自己的作品创作理念，以美术与其他学科知识相结合的方式进行创作和展示。对媒材、形状、色彩和材质感兴趣，能够进行联想和创作

依据《义务教育美术课程标准（2011年版）》的学段目标，结合本校各年龄段学生的心理特点设置了三个学段目标（见下表）。

小学美术超轻黏土校本课程学段目标

学段（年级）	目标描述
第一学段（一、二年级）	1.尝试不同工具，使用超轻黏土与多种媒材，通过看看、做做等方法，大胆、自由地表现所见所闻和所感所想，体验造型活动的乐趣。 2.观察身边的用品，初步了解形状与用途的关系。尝试弹丸、切刀等超轻黏土工具，结合身边容易找到的各种媒材进行简单组合和装饰，体验设计和制作活动的乐趣。 3.观赏易于接受和感兴趣的泥塑作品，用简短的话语大胆表达感受。 4.采用超轻黏土开展造型游戏的方式，进行有主题的想象、创作和展示
第二学段（三、四年级）	1.初步认识线条、形状、色彩与肌理等造型元素，学习使用超轻黏土与多种材料结合来体验不同的效果，通过观察、联想等方法表现自己的家乡，激发丰富的想象，唤起创造的欲望。 2.尝试从材料与用途的关系，认识超轻黏土的造型、色彩与设计的关系，学习"对比与和谐""对称与均衡"等形式原理，采用浮雕或立体制作的方法设计建筑、生活用品等。感受设计美化生活的乐趣。 3.欣赏符合认知水平的中外陶艺、泥塑、超轻黏土作品，用语言或文字等多种形式描述超轻黏土作品，表达感受与认识。 4.采用超轻黏土造型游戏的方式，结合本土文化进行美术创作与展示并发表创作意图
第三学段（五、六年级）	1.运用线条形状，色彩、肌理和空间等造型元素，以立体造型的方法，与水彩、水粉等媒材结合，记录并表现所见所闻、所感所想，发展美术构思与超轻黏土创作的能力，表达思想与情感，体验美术创作的乐趣。 2.从形态与功能的关系，认识超轻黏土与多种材料结合的造型、色彩与设计的关系，学习"对比与和谐""对称与均衡"等形式原理设计海岛家园等主题课程内容，并与他人交流设计意图。 3.欣赏中外优秀泥塑、陶艺、超轻黏土作品，了解具有代表性的美术家。通过描述、分析与讨论，用简单的美术术语对美术作品的内容与形式进行分析，表达对美术作品的认识与感受。 4.结合各学科的知识、技能以及学校的活动，用多种美术材料进行策划、创作与展示，体会美术与生活环境、美术与传统文化的关系

2. 课程内容

小学美术超轻黏土校本课程的开发，以义务教育阶段国家教材为根本，是国家教材的拓展与补充。以美术新课程标准的四个学习领域（造型·表现、设计·应用、欣赏·评述、综合·探索）为逻辑框架开发课程内容，将美术义务教育教科书的课程内容与超轻黏土课程整合，从美术表现题材出发，整合为三类题材的课程内容，编制系统化的校本教材，有利于学生美术素养的发展。

（1）"根茎叶"课程内容

"根"课程：以教材为根。对人教版一年级教材中"设计·应用"学习领域的课例进行深入开发，引领学生运用超轻黏土与多种材料结合表现。对"造型·表现"学习领域的课例进行二次开发，例如，一年级"美丽的植物和动物"为三课时。第一课时，教师引导学生抓住植物和动物的特征后，进行绘画表现；第二课时，运用超轻黏土在相框上进行浮雕画的艺术创作；第三课时，将超轻黏土与多种材料结合表现植物和动物的故事。学生在看看、做做等过程中大胆、自由地表现了所见所闻、所感所想，体验了造型活动的乐趣，激发了创造性思维。

"茎"课程：以布鲁姆教学理论为"茎"。布鲁姆认为，知识学习的最佳方式是发现学习，发现学习即学生利用教材或教师提供的条件自己独立思考，自行发现知识，最终掌握原理和规律的学习。我们利用超轻黏土和不同材料结合具有极强包容性的特征，开发了"我与大自然"主题课程，学生将黏土与树枝结合，制作了小鸟的家；在"海洋生物"主题课程的学习中，学生将黏土与各种海螺、贝壳结合，制作了生动的海洋世界。在发现学习材料、创造性运用学习材料的过程中，学生敏锐的观察力、丰富的想象力、无穷的创造力在一件件充满童趣美的黏土作品中得以充分体现。

"叶"课程：以泥塑艺术为"叶"。泥塑艺术是我国一种古老常见的民间艺术。参考泥塑的基本技法，结合捏、揉、压、团、拉、切、挖、盘、筑等技法运用，促进学生手、眼、脑互相协调，提高学生的塑造技巧。同时，还开发了混色、染色等新的技法。参考泥塑的表现内容，结合自然、生活、历史、人文和当代流行卡通、动漫等题材的开发，丰富课程内容。

（2）"本土主题"课程内容

海洋文化主题课程，面向全体学生。立足海南岛四面环海的地理环境、丰富的海洋资源，开发以海洋文化为主题的系列课程，有小章鱼、海马、小丑鱼、我与海洋等具体的课程内容以及黎寨风情主题课程，经典故事主题课程。结合语文学科的文学作品，开发经典故事主题课程内容。有《西游记》《三国演义》《红楼梦》等课程内容，激发学生兴趣，拓宽学生视野。面向个体或小组学生开发"我的家园"主题课程。通过超轻黏土与多种材料的结合进行艺术表现，开发了黎寨风情、黎族服饰、海南自由贸易港、高铁环岛动车等课程内容。培养学生综合运用材料进行美术创作的艺术素养，增强学生的动手创新能力。

（3）开放性课程内容

面向全体学生，开发综合实践类的开放性课程，建立"现场制作、义卖分享"的课程内容。有巧手"创造大世界""体验快乐　分享成果"等课程内容，提高了学生的综合素养。

3. 课程设计

以"超轻黏土与多种材料结合"为创作素材，设计丰富多样的课程活动，形成具体的教学设计。

（1）以超轻黏土为主体，多种材料为装饰。培养学生学会整体观察事物，概括并提炼出基本形，用超轻黏土揉捏塑造出最简单的几何基本形，用多种黏土技法表现出形象的特征，再用其他材料在超轻黏土基本形上加以装饰，产生丰富而美观的造型联想。在《刺猬》教学中，先引导学生概括出刺猬的基本形状为水滴型，用超轻黏土揉捏出水滴状的基本形，再分析各个组成部分，然后让学生选择其他材料，如牙签，在基本形上插接牙签，表现出刺猬身上的刺。在制作《红楼梦》故事中的人物服饰和头饰时，先用超轻黏土捏塑出服饰和头饰的基本款式，再运用彩珠、纱、亮粉等多种材料进行装饰，使服装变得更加亮丽。超轻黏土与多种材料结合表现中以超轻黏土为主体，其他材料为装饰，学生的思维像插上了想象的翅膀一下子活跃起来，多种丰富的设计构思由此产生。

（2）多种材料为主体，超轻黏土为装饰。超轻黏土的特性相对比较柔软，很难做一些大型的层次丰富、支撑性较强的作品，如大件的房屋、树木，或者表现一些高低起伏的场景。这时就需要引入多种材料作为模型或支撑。房屋可以运用纸盒、塑料瓶等做支撑，再用超轻黏土装饰墙壁，制作出窗户和门，以及房屋上的装饰；树木可以收集自然界的枯树枝，用褐色的超轻黏土包裹树干、树枝，用绿色的超轻黏土制作出树叶并粘贴在树枝上，还可以用各种颜色的黏土制作小鸟、瓢虫固定在树杈上，如此，一棵栩栩如生、充满自然气息的大树跃然而出。在表现园林场景时，还可以采用大小不同的木桩圆木片，将它们由大到小依次叠加粘贴在一起，并用黏土在木片上装饰绿草地、石子路、小花、小动物等，营造出错落有致、高低起伏的园林场景，增加了作品表现的层次感，拓宽了学生的思维空间。

以下是以美术学科核心素养为目标自编的"造型·表现"领域第一学段以海洋生物为主题的一篇教学设计。

一年级美术下册《海洋生物系列——可爱的海马》教学设计

（一）教学内容与目标

1. 知识与技能

多角度地了解认识海马；感受超轻黏土材料特性，巧妙运用超轻黏土的多种技法制作出有创意、造型美观的"海马"。

2. 过程与方法

用超轻黏土媒材探索揉、压、捏、粘、切等技法自由创作海马，再用多种材料综合表现出海马的家园，体验合作、探究、发现的愉悦。

3. 情感态度与价值观

树立保护海洋生物、维护海洋生态的环保意识，培养学生的动手能力和创造精神。

（二）教学重点与难点

1. 教学重点

用超轻黏土媒材探索揉、压、捏、粘、切等多种技法自由创作海马。

2. 教学难点

巧妙运用超轻黏土材料与多种材料结合，表现出充满创意、造型美观的"海马家园"。

（三）学习材料

课件、海马图片、海马视频、微课、超轻黏土、多种材料、黏土工具……

（四）教学过程

1. 导入新课

① 谜语导入：猜一猜"说马不像马，路上没有它。若用它做药，要到海中抓"。请学生回答。

② 课件展示：揭示谜底，展示自然界中海马的图片。（板书课题：海洋生物之海马）

2. 整体认知图像识别

① 观察探究：观察了解自然界中可爱的海马，请同学们说一说，海马的外形有哪些特点？你还知道哪些关于海马的知识？

② 短片欣赏：通过短片了解海马的外形特点，教师总结外形特点并板书。

③ 视频播放：我们再来欣赏一段短片来了解海马的生活习性。

3. 探讨研究美术表现

① 教师示范，引导学生学会概括海马外形的各个部分，并用揉、压、捏、粘、切等黏土技法来制作海马身体的各个部分，注意颜色的深浅搭配。

② 用黏土制作比较小的点、细而均匀的线对海马进行装饰，也可以运用多种材料装饰，强调色彩的深浅搭配，让海马更加生动。

③ 赏析小朋友制作的海马黏土作品。

④ 探讨黏土制作技法。例如，想好自己如何制作海马及海马的家人、朋友，海马的家园有哪些环境，能用哪些材料来表现（如枯树枝裹上黏土做珊瑚、贝壳等）。

4. 艺术实践创意实践

① 小组合作制作"海马的家园"。

② 讨论分工合作的方法。

③ 学生制作，教师辅导。

5. 欣赏评述审美判断

① "海马的家园"作品小组展示，分享海马的故事。

② 师生、生生评述作品。

6. 拓展升华文化理解

① 拓展：了解关于海马的有关知识。

② 升华：海马与人类、与环境的关系。如何保护海洋生物、维护海洋生态。

4. 课程实施

建立"单双周、二连堂"的课程实施模式，构建"同型异构""一物三变""小组合作"的学习方式，面向全体学生授课。

（1）课程设置。

时间设置。建立"单双周、二连堂"的课程实施模式。将超轻黏土校本课程与国家课程相结合，将校本课程排进每周两课时美术课的课表中，每个班每周两节课的美术课在课程表中设置成两节连堂。通过单周上国家教材内容，双周上校本教材三类课程内容，来确保国家课程和校本课程的有效实施。

内容设置。以美术新课程标准的四个学习领域（造型·表现、设计·应用、欣赏·评述、综合·探索）为逻辑框架开发课程，将美术义务教育教科书的课程内容与超轻黏土课程整合，从美术表现的题材上将课程分为三类题材的内容：第一类"根茎叶"课程，第二类"海洋文化、黎寨风情、经典故事、我的家乡"本土主题性课程，第三类"现场制作、义卖分享"开放性课程。

超轻黏土校本课程设置

学段	表现形式	根茎叶课程	主题性课程	开放性课程
第一学段	超轻黏土	认识超轻黏土工具 大家都来搓搓揉揉 各式各样的水果	叶子上的蚕宝宝 仙人掌盆栽 多肉盆栽 小圆球变章鱼	小猪佩奇一家
	超轻黏土与牙签、木棒材料结合	篮子里的草莓 冰激凌 盆栽——荷花 金灿灿的向日葵	海洋世界——小丑鱼、可爱的海马	传统美食·火锅 巧手创造大世界系列一 体验快乐 分享成果系列一

续 表

学段	表现形式	根茎叶课程	主题性课程	开放性课程
第二学段	超轻黏土	我来教你学技法 黏土的百变形状 轻松熊 万花盘 草原之王·狮子	亲情月饼 玫瑰花	猪大厨 圣诞节 重重叠叠
	超轻黏土与瓶子、木块材料结合	有趣的房子——蘑菇屋 给瓶子穿花衣 各式各样的鞋·虎头鞋 梦幻的城堡	航天科技在我家·火箭	体验快乐 分享成果系列二 巧手创造大世界系列二
第三学段	超轻黏土	椰子饭 脆皮高粱卷 煎堆 杞果肠粉	环岛高铁动车 海南美食·海南粉 海南美食·和乐蟹 海南美食·三色饭	我的家乡 海南自由贸易港
	超轻黏土与硬皮纸盒材料结合	伟大的宇航员 火烈鸟	海南美食·嘉积鸭 海南美食·文昌鸡 海南美食·临高乳猪 海南美食·东山羊 黎寨风情·船形屋 经典故事·《西游记》 经典故事·《红楼梦》 经典故事·《三国演义》	巧手创造大世界系列三 体验快乐 分享成果系列三

（2）学习方式。

构建"同型异构""一物三变""小组合作"的学习方式。"同型异构"为用超轻黏土捏塑出最常见的基本形作为基点，通过多种材料的运用，在基本形上做"加法"和"减法"产生新形象。"一物三变"为学生自主创作一个事物，如一变家人或朋友，其目的是巩固基础制作方法；二变事物的环境，其目的是提高学生的塑造能力，培养发散性思维；三变事物的设计，启发学生的创意实践。"小组合作"是作品情境创设和综合实践课的一种学习方式，情境创设和综合实践课的材料性、复杂性、过程性，使这种学习方式具有自主、合作、探究的特点。

例如，"一物三变"中"海洋生物"主题课程，先制作出一只海豹，教师可以顺势让学生做出海豹的家人或朋友，家人就有大小、胖瘦的区别，如果是朋友，还可以加上服装、发型、道具（帽子、书包、红领巾）等，这是一变，其目的是巩固基础制作方法。二变，通过欣赏海豹的生活视频，引导学生制作出海豹的生活场景。其目的是提高学生的塑造能力，培养学生的发散性思维。三变，重点启发学生的创意实践，制作海豹笔套、板凳、开关贴、笔筒等。这种举一反三的学习方法，使学生的思维更加开阔，从而产生更为丰富的艺术形象，形成主动探索、努力创作的良好学习习惯。

5. 课程评价

超轻黏土校本课程研究过程中，我们建立了多元的课程评价体系，形成了科学的评价机制。

（1）教师课堂教学评价。校本课程的有效实施在很大程度上取决于教师的教。超轻黏土的学习过程离不开教师黏土技法的传授，如何组织学生有效学习、自主学习，并保持对美术学习的兴趣，与教师的课堂教学实施密不可分。建立科学的教师课堂教学评价标准，能有效指导和促进教师的教学，提升教师的课堂教学水平，提高校本课程的质量。

海景学校超轻黏土校本课程教师课堂教学评价量表

评价类别	评价指标	评价标准	优	良	合格	待努力
目标确定	方向性	1.依据课程标准。 2.结合学情。 3.结合教材				
课程内容	适宜性	1.课题题目选题适宜。 2.课程内容符合学生学情。 3.学生对主题感兴趣				
教学方法	多样性	1.教学方法适合学生认知。 2.富有启发性。 3.技法有示范、有探究				
动手实践	参与度	1.学生学习参与率高。 2.学生动手能力强。 3.能够与同伴合作				

评价类别	评价指标	评价标准	优	良	合格	待努力
作品效果	创新性	1.生动、形象、富有美感。 2.作品充满想象与创意。 3.超轻黏土与多种材料结合表现所见所想				
课堂氛围	趣味性	1.课堂氛围和谐。 2.学生耐心细致。 3.学生学习习惯良好				
目标达成	达成度	1.达成程度。 2.与教学过程匹配。 3.评价结合目标				
亮点			改进意见			

（2）学生课堂学习评价。主要是了解学生的学习过程，通过对课前学习材料的准备、课堂积极参与学习、与同学合作及对自己的作品进行展评、小组互评、同学互评，达到激励学生学习、改进教师教学的目的。

海景学校超轻黏土校本课程学生课堂学习评价量表

评价类别	评价指标	评价标准	优	良	合格	待努力
课前准备	充分性	1.学习材料准备丰富。 2.课前学习材料和工具摆放工整。 3.收集相关信息广泛				
回答问题	积极性	1.踊跃回答问题。 2.能用美术语言表达。 3.积极上台展示作品				
学习方法	科学性	1.学会从整体到局部的观察方法。 2.学会举一反三、"一物三变"的创作方法。 3.创作专注，耐心细致，有创意				
动手实践	参与度	1.合理使用材料和工具。 2.艺术实践动手能力强。 3.能够与同伴合作交流探究				
作品效果	创新性	1.生动、形象、富有美感。 2.作品充满想象与创意。 3.超轻黏土与多种材料结合表现所见所想				

续 表

评价 类别	评价 指标	评价标准	优	良	合 格	待 努力
美术 素养	全面性	1.积极表达对美术文化的理解。 2.以造型、色彩等美术元素表达美术见解。 3.掌握超轻黏土的制作技法				
亮点			改进意见			

（3）评价延伸，回归生活。艺术来源于生活，最终仍将服务于生活。运用超轻黏土进行艺术表现活动，不因制作结束而结束，而是将活动延伸到生活中，让课程评价在生活中悄然发生。例如，将材料新颖、造型奇特的作品带回家装饰自己的家；制作各种礼物祝福朋友、老师、家人；用各种瓶子制作笔筒放在书房；利用"感恩母亲节"，制作超轻黏土花卉作品，并配上祝福语，送给母亲表达祝福。

（4）营造氛围，自我评价。超轻黏土作品是视觉艺术。学校每学期都举办学生超轻黏土作品展，评选超轻黏土制作小达人。每学年举办一场超轻黏土现场制作比赛，在一年级开展亲子超轻黏土制作大赛，并将学生优秀的超轻黏土画挂在学校阶梯教室，在校园文化的外显文化中大量展示学生的超轻黏土作业。学生在各种展示的氛围里，感受到学习带来的成就感，形成了对自我的高度评价。

海景学校超轻黏土校本课程作品义卖会评价量表

项目＼主体	自评	师评	校评
对活动感兴趣，能积极主动参加			
能给自己的展位（小商店）选定名称，可制定标语、条幅、海报、促销口号			
能准备销售物品、整理自己的商品，并合理定价			
能表述自己的商铺理念			

（5）注重生活，多元评价。在课堂上小组展示作品，自评、互评。在

主题节日，将自己制作的作品赠予亲朋好友，并获得评价。在学校校园文化、现场制作大赛等活动中展示自己的作品，在义卖活动中售卖亲手制作的作品，形成对自我的高度评价。多元的自主评价体系，学生美术学习的兴趣更加持久，学习的获得感更强。

（二）成果影响

1. 建立小学美术超轻黏土校本课程的完整课程体系，有效解决了学校小学美术校本课程碎片化的问题

（1）确立课程的总目标及学段目标。结合美术新课程标准的课程总目标与学段目标，确立小学美术超轻黏土课程的总目标与学段目标；为美术校本课程的开发找到了理论指导。

（2）开发三类课程内容。将美术义务教育教科书中的课程内容与超轻黏土课程内容整合，与泥塑课程相融合，与多种材料结合，设立"根茎叶"课程内容；立足本土文化开发主题课程内容；建立综合实践类开放性课程内容。学生学习的内容不再局限于教材，以学习内容为突破口，突出"全面育人"的理念。

（3）多种材料表现的课程设计。以"超轻黏土与多种材料结合"为创作素材，"多种表现形式"为主要研究内容，丰富了课程设计；既发展了学生的美术创新能力，又激发了学生对生活的热爱。

（4）建立"单双周、二连堂"的课程实施模式。构建"同型异构""一物三变""小组合作"的学习方式，面向全体学生授课。确保了美术校本课程的有效实施，促进了学生发散性艺术创作能力，为学校美术校本课程的研究提供了一种新的思路和实践范式。

（5）构建自主多元的课程评价。突破唯美术技能的评价模式。通过课堂评价、评价延伸、回归生活、营造氛围、自我评价等形式，构建了自主多元的评价体系，更有利于学生美术核心素养的发展。

2. 发展了学生的美术素养，提高了学生的动手能力，激发了学生的创新意识

（1）通过超轻黏土校本课程的开发与实施，提供丰富的美术课程，学校美术课程结构更合理。在植物、动物、节气、故事、地方文化等主题课程的学习中，每一个学生都得到充分发展。展示学生非凡的想象力和创作

能力，陶冶情操，提高审美情趣和艺术修养。

（2）超轻黏土由于其特性，深受每一个学生喜爱，学生主动创作的参与率达到100%。根据学生的年龄特点设置课程，通过揉、团、搓、捏、拍、压、擀、刻、切、戳等技法的运用，再结合多种材料进行创作，让学生了解和掌握超轻黏土的基本技法。学生的学习兴趣持久，创造能力显著提高。

（3）构建"同型异构""一物三变""小组合作"的学习方式，培养了学生的创新思维，涌现了一批校园超轻黏土小达人，成立了学生超轻黏土实践工艺坊。学生在节日里能用自己塑造的超轻黏土作品送亲人朋友，在超轻黏土作品义卖活动中体会"分享成果 收获快乐"的学习获得感。学生在海南省各项美术创作比赛中获奖；成立的学生超轻黏土实践工艺坊被评选为海口市艺术展演学生实践工作坊项目。

3. 促进教师专业成长，提升教师科研能力，增强教师的泥艺技能

通过本课题研究，加强课程团队建设，增强教师课程意识，发展教师课程开发能力，教师的教学理念进一步更新、教学手段进一步优化，能正确把握美术泥艺教学活动的着力点，处理好传授技能与拓展思维的关系。通过开发超轻黏土校本课程内容、设计超轻黏土教学活动等课题研究活动，进一步转变教师教学观念，树立新的教学方法观、师生观，积极探索教学方式的多样化。教师在不断地研究与实践中，提升了科研能力，增强了泥艺技能。

课题组两位成员都依据此课题开展了小课题研究，其中赵景老师的小课题"小学美术超轻黏土课程海洋文化的开发与实施研究"获得市级三等奖。李映婷老师的小课题"小学美术超轻黏土与多种材料结合表现的研究"已在立项研究中。课题主持人获得海南省优秀科研主管称号，被评为海南省小课题指导专家；3篇论文发表于国家级、省级刊物；多次受邀做全市的课题研究讲座。

4. 促进了学校的发展，为建设省级教科研示范校打下了基础

学校美术校本课程的开发与实施，促进了学校的进一步发展，改变了课程目标不明确、课程内容不具体、课程设计较单一、课程实施无保障、课程评价无体系的现状，激发了全体教师的科研精神，提升了全体学生的

美术创新表现能力，提高了全体学生的美术素养，为学校特色发展奠基。学校被评为海口市示范学校。编著《海口市海景学校超轻黏土校本教材》《海口市海景学校超轻黏土学生作品集》《海口市海景学校超轻黏土教学设计选编》系列，构建海景学校具有完整知识体系的超轻黏土校本课程。成就一批有一定教育理论水平、教学研究能力和教学实践能力，能撰写经验型论文和科研论文的中青年骨干教师，使学校美术教师队伍的综合素质和教学能力再上台阶。

5. 美术校本课程的探索产生了示范辐射影响

2021年6月，本课题被评为海南省基础教育优秀教学成果推广项目。有海口市海瑞学校、海口市白沙门小学两所学校应用该课题的研究成果在本校探索实践，依据本校实际，开设了超轻黏土课程，指导学生进行超轻黏土创作，并取得了很好的效果。海瑞学校紧扣"海瑞"文化，深挖超轻黏土课程的实施，成立的学生超轻黏土创意实践坊被评选为海口市艺术展演项目。

课题主持人2021年11月在海口市文涛美育名师工作室执教"泥塑世界"示范课，面向全市现场展示。2021年12月，在海南省中小学美术学科课堂教学改革公关团队建设暨课堂教学研讨与培训活动中为学员上"陶泥世界"美术课。2021年11月，在海口市郑世喜骨干教师工作坊开展的"牵手乡村"城郊学校帮扶中在海瑞学校执教"海洋生物系列——可爱的海马"示范课。2021年9月，在海口市郑世喜骨干教师工作坊开展的"牵手乡村"城郊学校帮扶中在海瑞学校做《教师如何走向专业化成长之路》专题培训讲座。

2021年10月，在海口市郑世喜骨干教师工作坊开展的"牵手乡村"城郊学校帮扶中在海瑞学校做《美术学科校本课程的开发与实施》专题培训讲座。该课题的实施深受学生和家长的喜爱，得到了家长的充分肯定，有许多家长也加入超轻黏土的学习和制作活动中。

先后有多家媒体对此课题进行报道。《海南特区报》报道：《小巧手创造大世界　海口市海景学校举办超轻黏土现场制作大赛》。"新海南"和"今日头条"报道《学生"玩泥巴"拼创意　海口市海景学校举办泥艺大赛》。海南广播电视总台青少频道报道《海口市海景学校第二届超轻黏土作品义卖会》《海景学校超轻黏土　校本课程》。中国教育新闻网报道

《创意超轻黏土　让美育简单有趣》。《海口日报》报道《指尖飞舞"快乐课堂"提升创作素养》。海口教育发布报道《学生上课捏黏土，海口市海景学校这门课程"火"了》。

（三）成果反思

校本课程的开发还不够系统，课程结构还需教育专家的引领。课题组课程开发的专家、走出去观摩校本课程这两项重要的活动均受到疫情影响，没有开展。

课题组教师的教学理念和理论水平比较欠缺，课程开发和实施中做的大量工作没有文字的记录与理论的提炼。教师校本课程开发的培训欠缺。

省内缺乏研究超轻黏土课程的学校和教师，没有形成项目式研究团队，缺少美术校本课程的特色，急需教育研究机构共同进行美术校本课程的开发，为美术师资培训、为学生创作超轻黏土作品提供指导。

参考文献

［1］李琍.小学超轻黏土校本课程的开发及教学［J］.教育探究，2016（2）：7-9.

［2］戴日新，黄四林.基于认知—发现学习理论的英语主谓一致教学研究［J］.湖南师范大学教育科学学报，2010（5）：106-108.

［3］王娜.布鲁纳的认知结构学习理论对成人学习的启示［J］.广州广播电视大学学报，2011（1）：21-24，107.

［4］宋欣悦.浅析初中"造型·表现"学习领域提升美术学科核心素养的有效途径［J］.大众文艺（学术版），2018（9）：185-186.

［5］滕苏苏，宁尚洁.基于志愿服务增强高职院校学生思想政治教育实效性研究［J］.安徽电子信息职业技术学院学报，2018（1）：107-110.

［6］林长贵.高中美术鉴赏中发展学生核心素养的课堂教学分析［J］.成功（中下），2018（21）：2.

［7］汪文鋈.激发兴趣提高小学数学教学的有效性研究［J］.明日，2018（2）：1.

［8］周先锋.浅谈黏土在治疗性美术教育中的特质［J］.新视觉艺术，2011（6）：87-88.

［9］中华人民共和国教育部.《义务教育美术课程标准》解读［M］.北京：北京师范大学出版社，2012.

［10］孙鹏.体艺学科课程群［M］.上海：华东师范大学出版社，2019.

［11］潘琼，李春华.嵌入式课程［M］.上海：华东师范大学出版社，2017.

"双减"政策下小学体育高效课堂的构建

洪祥华

一、体育课程对小学生的重要性

小学生在小学阶段接受的教育都是比较低层次的，学生的任务主要就是学习，可是学习的范围很广，不仅包括义务教育要求的小学教材上的理论知识，也包括在体育课堂上的良好学习，从而让学生锻炼身体。有一个健康的身体，为学生更好地学习打下坚实的基础。"双减"政策下更是要让学生通过减轻作业负担，有更多的时间来进行全面发展的学习。小学教师应意识到，学生的体育课程学习是有利于学生学习，甚至有利于学生身心健康发展的。小学生处于身体发育阶段，其发育健康对学生的未来和生活都有很重要的影响，所以教师要认识到小学体育课程与其他学科的课程同样重要，不能占用学生的体育课堂时间。不仅教师要认识到小学体育课程对学生发展的重要性，学校也要认识到这一点，为小学体育高效课堂提供更好的帮助和支持，结合小学生的身体发展状况以及学校自身的体育课堂和体育教学资源进行不断探索，形成适合学生健康发展的体育高效课堂。

二、小学体育高效课堂的内容构建

"双减"政策下，学校如何开展体育教学呢？一是要适应时代的发展要求；二是要符合学生的发展需求，不断落实教学改革。体育教学为了能够真正体现出体育教学责任，需要不断在小学体育课程内容上下功夫，为小学体育课程的构建打下坚实的基础。内容方面一定要坚持经典，同时要体现出时代特点。

（一）增加经典项目

1. 设置我国优秀的传统体育项目

在"双减"政策下的小学体育高效课堂构建，很重要的一部分就是关于小学体育课堂内容的建设，小学体育内容可以融入我国传统的优秀体育项目，如武术、太极拳等项目。将中国传统体育项目融入小学体育课堂，既能传播我国优秀传统文化，也能让学生真正领略到中华传统文化的魅力。以武术为例：学习中华传统体育项目，就要尊重其中所包含的文化精髓。比如，学习武术时就要注重武德的学习，在武德中体现的是我国传统文化"仁爱"的思想，同时，要求习武之人有宽大的胸怀，较大的气魄。这种传统的教育理念与我国目前的教育理念相符合。传统体育项目当中所包含的精神是永远保值的，它是一种爱国爱民精神的体现，既让学生强健了体魄，又提高了学生的道德情操和爱国情怀。

2. 设置有助于提高基本运动能力的内容

既然要在体育课程当中增加经典，这个经典就不仅仅体现设置中华传统体育项目，更要体现出经典的体育运动精神，那就是基本运动能力的提高。学生要对体育的基本运动能力进行锻炼。学生可以借助体育基础的运动功项目来提高力量、耐力和灵敏度，提高身体素质。学生基本运动能力提高的同时也能够提高基本素质。学生基本运动能力是学习体育运动项目的基础，它能够帮助教师完成课堂教学内容，通过对学生基本素质的锻炼和提升，让学生形成更高的运动技能，更快地参与到真正的体育竞争当中。通过运动能力的提高，让学生完成自身身体能力和素质的突破，让学生在锻炼和竞赛中获得更多的体验感与成就感。体育运动带来的喜悦，会使学生对体育运动越来越感兴趣，从而对体育课程学习越来越认真，在课堂上也会更加积极主动。

（二）体育课堂要体现时代性

任何事物的发展都要随着时代的变化而变化，所以体育教学内容也要体现出体育课堂的时代性。可以设置更多的体育项目来满足学生不同的体育运动需求，根据学生自身的个性、爱好和身体素质让学生选择适合自己的体育项目训练。因此，体育教学内容设置一定要满足学生对体育运动项目多样化的需求，吸引学生参与到课堂当中。

三、"双减"政策下小学体育高效课堂构建的具体措施

(一) 引导学生寻求正确的学习动机，增加学习主动性

人们做任何事情都需要有一定的动机来激励，向着这件事情努力。良好的学习动机就是激励学生不断学习的动力。小学生处于教育的低层次阶段，认知比较缓慢，并且容易受外界的影响。所以，体育课堂教学要利用学生发展阶段的规律，在体育学习的过程中运用正确的教育方法，引导学生寻找正确的学习动机，从而让学生喜欢体育，真正愿意为了学习体育而努力。这样才能够提高体育教学的质量和效率。体育学习的正确动机一定是健康的、科学的、合理的。比如，教师可以对学习体育课程的重要意义、对自身发展的作用等内容进行讲述，让学生从内心知道学习体育这门课程不仅对当下有益，对未来的发展也很有益，提高学生学习体育项目的主动性。

(二) 教学中增加教学活力，提高师生之间的交流互动

小学生的性格比较活泼好动，对外部事物的好奇心很重，喜欢与其他学生和教师交流。教师可以根据学生这一发展特点，在体育教学时营造轻松、愉快的学习氛围，激发学生的活力，从而提高教学活力。要想增加师生之间的交流，只有理论知识的讲解是不够的，还要增加教师与学生之间互动的实践活动。通过实践活动，师生之间增加了互动，如在实践活动当中，学生有不懂的问题可以及时请教教师，师生在这一问一答中就增加了交流。实践活动可以是个人的活动，也可以是团队的活动，团队的活动就需要团队合作和交流。比如，通过一些团体的体育项目和一些体育游戏，让学生产生兴趣，从而参与到实践活动当中，与教师增加互动。

(三) 理论与实践相结合加强实践性教学

体育课程当中也会有一些理论知识的讲授，教师对即将开展的体育项目和体育运动进行理论性讲解时，可以通过具体实践的方法来提高学生的理解力。比如，教师对足球项目中运球动作的解释，不能一味地进行口述，而要借助足球来进行亲身实践，并且让学生在教师讲授时根据教师的讲解去进行具体实践。通过对足球运动的体育教学实践工作，加强体育课堂教学中理论与实践的结合，促进体育高效课堂的构建。

（四）运用因材施教的教学方法

良好的体育课堂教学方法是因材施教，而目前许多体育课堂教学当中没有体现出因材施教的教学方法，大多数教师对体育课堂的整体教学比较敷衍。学生的身体素质和性格以及擅长的领域都是不同的，因材施教的方法就是尽可能让学生真正找到适合自己的体育学习方法，而教师通过因材施教也能够提高教学质量。创建良好的高效课堂需要学生配合，他们根据教师不同的教学方法找到适合自己的学习体育的方式，更好地融入课堂。

四、结束语

"双减"政策下的小学高效课堂的构建需要从内容、形式和方法上进行，而在内容、形式和方法上也有不同的措施。通过这些来帮助构建小学体育高效课堂，能够真正达到体育学科育人、育德的目的。既注重身体素质，又注重内涵的培养，体育教学能够令学生心理意志品质、生活方式、审美能力等多方面得到全方位提升。实现小学体育高效课堂的构建是学校的体育工作在"双减"政策下的一个重要发展目标。

参考文献

［1］王宁.浅析小学体育高效课堂的构建［J］.中文科技期刊数据库（引文版）社会科学，2016（1）：255.

［2］管娟.小学体育高效课堂构建策略研究［J］.新课程导学，2017（12）：16.

［3］凌惠.刍议小学体育高效课堂的构建策略［J］.中国校外教育（中旬），2017（10）：134.

［4］吕丽红.新课改下构建小学体育高效课堂的研究［J］.当代体育科技，2018（6）：144–145.

［5］梁跃会.小学体育高效课堂的构建策略［J］.科学咨询，2019（25）：111.

让活动体验促进课堂教学有效性

李 芹

小学道德与法治课程标准明确指出：通过引导儿童主动参与各类活动来进行教学，是本课程教学的一大特点。结合课标所提出的这一理念，在道德与法治课教学中，教师可以根据教材内容和学生实际，让学生通过自己的生活实践和活动体验来获得认知发展。教师应优化教学设计，采用学生乐于接受的活动方式，让学生体验感悟、掌握知识、获得能力、学会反思、规范行为、升华情感。

一、勤于组织小组合作活动

在课堂教学中，组织小组合作学习活动是提高课堂教学有效性的重要抓手。有目的、有组织、有秩序的小组合作学习活动能够体现课堂中学生的主体性，最大限度地发挥每一个学生的主观能动性，让每一个学生都有动口说、动手做、动手写的机会，还能培养学生的团队合作意识、语言表达能力、人际交往能力，在让学生学习知识的同时有助于提升学生的综合素养。

在平时的课堂教学中，我常常会结合教材内容，针对一些有思考意义和讨论价值的问题组织小组合作学习活动。例如，在四年级下册"买东西的学问"一课中，为了让学生掌握看外包装、商品标签和说明书等物品去了解商品相关信息的方法，我以四人小组为单位，让学生分组围坐，再让小组长组织全体组员按照以下学习要求进行合作学习。

（1）观察收集到的商品标签、外包装、说明书等。

（2）比较异同：小组成员讨论，比较同类产品有哪些共同的信息。

（3）记录信息：小组合作交流共同完成观察记录表的填写。

观察记录表

小组观察的商品种类：			我觉得应该特别关注的信息：
小组观察到的信息			
1	2	3	
4	5	6	原因：
7	8	9	
10	11	12	

（4）完成表格填写后推选小组代表进行汇报。

采用小组合作学习活动，教师需要在指导小组合作学习的过程中，提醒学生每个人都要参与其中并积极表达，对小组长也要精心挑选，让有组织协调能力的学生担当，做好分工任务，其他小组成员积极配合协作完成。在这一堂课中，因教师要求详细，分工明确，学生们都展开了热烈的讨论，所以表格填写准确具体，汇报精彩，活动充分体现了"以学生为主"的教学理念，也达到了很好的教学效果。

二、善于利用调查研究活动

作为一门生活性和实践性课程，我们要善于在课前或课后组织学生在生活中开展各种调查研究活动来促进课堂教学的有效性。例如，在教学六年级上册第一课"感受生活中的法律"前，我先让学生设计调查表，调查身边的人对法律知识的了解。我还让他们查找网络信息、观看电视，如观看《新闻联播》《今日说法》等节目，了解与人们生活息息相关的法律知识。同时，留心观察自己周边的环境，如社区、学校、商场、马路、公园、超市、医院等场所，看看有没有一些法律条款规定或者从一些事例中找到法律的影子，并填写观察报告。通过课前开展的这一系列调查研究活动，学生对生活中的法律有了充分的了解和认识，上课的时候就能针对这一主题展开积极的思考和探究，进而引发热烈的讨论。

在课后也可以开展调查研究活动，对课堂学习内容进行巩固和检测。

在教学四年级上册"我们的班规我们订"一课时，我给学生安排了课后调查研究活动。我让学生去调查研究经过这一堂课的学习，本年级各班有多少学生已经学会根据本班实际制定合理的班规，并调查了解在他们自己制定的班规中什么样的班规受到大多数同学的欢迎等。通过这样的调查研究，学生更能感受到道德与法治课的魅力和实效性，有更加浓厚的学习兴趣。

三、精于设计游戏体验活动

我们常说"寓教于乐"。对于小学阶段的少年儿童来说，教师在教学道德与法治这门课程时，精心设计一些符合学生年龄特点、凸显教学主题的游戏活动，更能激发学生的学习兴趣，达到很好的教学效果。例如，在一年级上册"课间十分钟"的教学中，我组织学生开展丰富的课间游戏活动，让学生先回忆自己在课间喜欢玩的各种游戏，再在课堂上开展游戏。比如，"丢手绢"游戏、"我是木头人"游戏、"找朋友"游戏、"我说你做"游戏、"萝卜蹲"游戏、"抓手"游戏等，学生在活动中充分体验游戏带给他们的快乐。特别是"萝卜蹲"游戏和"抓手"游戏，学生玩得非常开心、非常投入，在课堂中笑声连连。在游戏之后，我让他们把自己参与游戏过程的真切体验说出来，结合游戏的过程进行思考、反馈、讨论、总结，自然地引出玩游戏要注意安全，遵守规则，同时明确规则在学校各项活动中的重要性——无论是参与什么活动，都要按照规则进行，才能保证自己及他人的生命安全，同时保证活动的顺利开展。再指导学生进行辨析交流，明确如何合理地安排做游戏、上厕所、喝水、准备学具等课间活动，保证自己既得到充分的娱乐，又能做好下一节课的准备。

通过教学实践研究，我认为在低年级的道德与法治课堂中，教师要精心设计各种既健康又能联系教学内容的小游戏，将游戏与学习内容有机融合，让学生在玩中学，学中玩，这样不仅能激发学生的学习兴趣，也能增强学生的体验感、判断力和实践能力。

四、巧于创设角色扮演活动

在道德与法治课堂教学中，学生的学习方式是多种多样的，教师可以根据小学生好探究、善模仿的年龄特点，积极创设情境，巧妙地进行角色扮演、场景模拟、即兴表演等多种体验活动，实现课堂教学的有效性。例如，在四年级下册"为我们生活服务的人"一课中，我通过准备服装、道具，利用图片模拟场景和利用语言、声音渲染等创设情境，让学生进行角色扮演。在课堂上，学生们分别扮演了司机、厨师、清洁工、交警等不同职业的人，从而知道了不同职业的人物特征，体验社会生活中为我们生活服务的人的辛苦和伟大，懂得尊重和感谢他们。

生活是教学的源泉，也是学生认识世界的重要途径。努力在课堂上创设真实的生活情境，让学生通过角色扮演去进行真实的体验，他们就能更好地感悟，形成优秀的品质。

五、乐于开展主题实践活动

本课程的学习是知与行相统一的过程，注重让学生在体验、探究和问题解决的过程中，形成良好的道德品质，掌握和运用相关的法律知识，实现社会性发展。因此，教师要根据教学内容的需要，将课内与课外相融合，整合各种教学资源，设计主题实践活动，让学生围绕主题开展系列活动，得到全面的学习体验。例如，在学习六年级上册"宪法是根本法"一课中，为了让学生对宪法有更充分的认识，可以开展这样的实践活动：在国家宪法日前一周以"弘扬宪法精神，建设法治校园"为主题，开展宪法宣传教育活动。可以邀请法律顾问进校园、举行升旗仪式给学生宣讲宪法知识，可以开展"宪法进课堂"主题班队会，也可以组织学生开展"学宪法，讲宪法"演讲比赛，还可以开展"生活中的宪法"实践研究活动，等等。通过一系列的实践活动能够激发起学生学习宪法的兴趣，让学生知法懂法，从小就明白宪法和公民生活息息相关，从小当好遵纪守法的小公民。

综上所述，道德与法治课程需要教师关注课标和具体的教学内容，以活动为载体，想方设法组织学生参与丰富多彩的活动体验，在活动中学

习，在活动中感悟，确保道德与法治课堂教学的有效性，帮助学生养成高尚的道德品质，具备良好的法治素养，成为新时代的社会主义建设者和接班人。

参考文献

教育部基础课程教材专家工作委员会.义务教育品德与社会课程标准（2011年版）解读［M］.北京：高等教育出版社，2012.

海南黎族原始制陶技艺制作工具的制作方法

林 蓉

海南黎族原始制陶技艺是国家级非物质文化遗产，作为非遗文化，它有哪些方面值得我们去学习传承？海南黎族原始制陶技艺中制陶的方法是值得我们学习传承的。海南黎族先民运用泥条盘筑的方法来制作生活中的各类陶器制品，用泥条纯手工盘制成生活中实用美观的器具。黎族先民在制作陶器的过程中，在盘筑的基础上会增加一些自制的工具来辅助制作和美化器具造型。那么，到底海南黎族先民制作陶器器皿使用了哪些工具？他们是如何自制制陶工具的呢？

一、海南黎族原始制陶制作工具的种类

海南黎族先民是非常富有智慧的，在纯手工制陶中会自制出黎族制陶工具，分别有竹刀、蚌壳、木杵、木臼、竹筛、木拍、木刮、竹片、钻孔竹棍、竹垫等。

二、海南黎族原始制陶制作工具的功能

海南黎族原始制陶制作工具的制作方法和制作陶器器皿时的功能使用需求是息息相关、密不可分的。海南黎族先民在制作陶器器皿造型时需要能够切割陶土的工具，以在制陶过程中切割、造型。恰好，在当地自然环境中，竹子和木材随手可得，所以就地取材制作出竹刀、蚌壳、木杵、木臼、竹筛、木拍、木刮、竹片、钻孔竹棍、竹垫等制作工具，这些工具功能各不相同。

（一）竹刀的使用功能

竹刀能切割陶土；能在制陶过程中切割、造型。

（二）蚌壳的使用功能

蚌壳能起到刮制陶土的作用，在造型时，为了让形体表面光滑和匀称，可以用蚌壳反复刮一刮。尤其是陶器器皿的内壁，如果想塑造器皿瓶壁让其产生弧度，只需要拿蚌壳在内壁里刮一刮就能够更加方便地制作及塑造形体。

（三）木杵的使用功能

木杵在陶土提炼过程中用于敲碎陶土碾磨成粉末状。

（四）木臼的使用功能

木臼能起到盛装陶土，搭配结合木杵来敲碎陶土、碾磨陶土的作用。

（五）竹筛的使用功能

竹筛能起到筛选过滤陶土的作用，用于把粗颗粒的陶土分离出来。

（六）木拍的使用功能

木拍在制作陶器器皿时，用于拍打器皿的瓶壁，使其更加结实。陶土通过木拍的拍打，瓶壁也会变薄，造型会更加轻巧。

（七）木刮的使用功能

木刮在制作器皿时，能刮平器皿外壁的泥条。虽然河蚌也能够刮平泥条，但是河蚌更适合刮器皿的内壁，木刮的面积较大，在刮陶器外壁速度上会更快一些。

（八）竹片的使用功能

竹片的功能同样是刮平器皿，但竹片比较有柔韧性，弯曲时能更加方便整体修整瓶壁造型。

（九）钻孔竹棍的使用功能

钻孔竹棍一头进行45°角的切割，能够方便钻孔。在制作中，可以根据需要选用不同大小的竹竿确定孔洞的大小。

（十）竹垫的使用功能

竹垫用于在制作器皿时放置陶器，避免制作器皿时底部由于潮湿粘连，方便完成作品后拿取。

三、海南黎族原始制陶制作工具的制作方法

（一）竹刀的制作方法

（1）选用老竹料。选用老竹子能使竹子风干时不变形。

（2）切割竹子。

（3）切割竹刀造型。竹竿细的竹料沿着老竹子的竹竿45°角左右用刀斜切；竹竿较粗大的，需要把竹子切成条块状，然后把边缘切刮平整，最后沿着竹子的条块45°角左右用刀斜切。竹刀的整体长度为20～25厘米比较合适。

（二）蚌壳的制作方法

（1）选用河蚌。黎族先民由于生活中周边的河流区域里有河蚌，通常选用蚌壳两侧10～15厘米的河蚌。

（2）掰开蚌壳。黎族先民通常会把蚌壳洗干净，把河蚌煮熟，食用完河蚌的肉之后，把河蚌分成两半，清洗干净的蚌壳便可用来制陶。

（三）木杵的制作方法

（1）选用木料。黎族先民通常选用比较结实的木料。

（2）切割木杵的造型。木杵的杆和捶打陶土的部位有粗细变化。木杵的杆长一些，比捶打陶土的部位细一些；捶打陶土的部位呈椭圆状，略粗大一些。木杵的杆和椭圆状部位先用刀劈砍切割出大体造型。

（3）打磨木杵的杆和椭圆状部位。切割出木杵的杆和椭圆状部位大体造型后，需要用刀细致切削，打磨光滑匀称。

（四）木臼的制作方法

（1）选用木料。黎族先民通常选用比较结实的木料，木料的直径通常在45～50厘米，高度通常在50～60厘米。

（2）挖凿木臼的造型。在选用结实木料的基础上，沿着木料直径的中心点进行挖凿，底面留下15厘米高的实木，直径外围留下5～8厘米厚的边缘。

（3）打磨木臼的内壁。用小刀慢慢切、削、刮、磨，使木臼的内壁光滑匀称。

（五）竹筛的制作方法

（1）选用老竹料。选用老竹子能使竹子切割成比较薄的竹皮条片状时比较有柔韧性。

（2）切割竹条。切割等长的80～90厘米条状，并且打磨竹条匀称。

（3）编织筛底。筛底的编织有两层：一层是正方形的筛孔，另一层是等边三角形的筛孔。用压一挑一的方法，结合陶土筛选使用的情况来确定筛孔的大小。在编织的过程中，竹条的距离要均等，夹角要和筛孔的大小一致，避免忽大忽小。

（4）编织筛帮。在编织的过程中，筛底编织到合适的直径时，就在底面画出圆。把竹条2根或3根作为一组聚拢。编织筛帮时要不断调整筛底部的位置方向，做到编织整齐匀称。编织到筛帮有4厘米左右就开始收口。

（5）整理筛边。编织筛帮剩余出来的竹条沿着筛帮的四周朝内弯曲折叠，编织成绳子状。在编织的过程中，一边编织，一边继续接竹条。编织到开头处再逐渐减少竹条，插入杠帮收拢。

（六）木拍的制作方法

（1）选用木板。

（2）切割木拍的大体造型。木拍分为木柄和拍体部分，类似方形乒乓球拍的造型。木拍的拍体部分，长为15～20厘米，宽为10厘米左右，拍柄为10厘米左右。用刀在木板上大致切割出木拍的形状。

（3）打磨木拍的造型。用刀慢慢地削一削、刮一刮，使木拍逐渐变得光滑平整。

（七）木刮的制作方法

（1）选用木板。

（2）切割木刮的大体造型。木刮和木拍的造型基本相似，分为木柄和刮体部分，类似方形乒乓球拍的造型。木刮的刮体部分，长为15～20厘米，宽为10厘米左右，刮柄为10厘米左右。用刀在木板上大致切割出木刮的形状。

（3）打磨木刮的造型。木刮与木拍的区别在于，木刮的四周有类似刀的切面，比较薄，方便切刮。所以在打磨的时候，需要用刀慢慢地削一削、刮一刮，使木刮逐渐变薄，变得光滑平整。

（八）竹片的制作方法

（1）选用竹片。

（2）切割竹片的大体造型。长度为25～30厘米，宽度为3～5厘米。

（3）打磨竹片的造型。用刀慢慢地削一削、刮一刮，使竹片逐渐变得光滑平整。

（九）钻孔竹棍的制作方法

（1）选用老竹料。选用老竹子能使竹子风干时不变形。

（2）切割竹子。钻孔竹棍和竹刀有点类似，裁剪时同样是沿着老竹子的竹竿45°角左右用刀斜切，但斜切的面短，竹刀的斜切面要长些。

（3）修整竹节。用刀慢慢地削一削、刮一刮，使钻孔竹棍的竹节逐渐变得光滑平整。

（十）竹垫的制作方法

（1）选用老竹料。选用老竹子能使竹子切割成比较薄的竹皮条片状时比较有柔韧性。

（2）切割竹条。切割等长的35～45厘米条状，并且打磨使竹条匀称。

（3）编织竹垫。竹垫的编织有两层，用压一挑一的方法，逐渐增加竹条来编织。在编织的过程中竹条的距离要紧凑。

海南黎族原始制陶技艺的制作工具丰富多样，有竹刀、蚌壳、木杵、木臼、竹筛、木拍、木刮、竹片、钻孔竹棍、竹垫等，这些制作工具的制作方法和使用功能各不相同。海南黎族先民非常富有智慧，能在制陶劳动中结合制作的需求在生活中发现并总结创意自制实用的制作工具。海南黎族原始制陶技艺流传至今有6000多年，这些制陶工具仍被传承使用，可见其所具有的实用价值。期待海南黎族原始制陶技艺的制作工具的制作方法能让更多的人去知晓、去关注、去传承！

（海南省教育科学"十三五"规划专项课题结题论文，课题编号：QJH201910127；课题名称"中学美术'黎族原始制陶技艺'特色校本课程开发和实施研究"）

浅析语文核心素养视野下的小学语文单元整体教学思路

林兆妮

一、引言

当下的小学语文课堂教学设计普遍存在"重教材、轻学生"的倾向，表现在教师教学的知识结构过于琐碎、学生综合能力锻炼有效性低等方面，使教学面临着"教得碎""教得浅""教得杂"等困境。教师作为学生学习的"引路人"，要有意识地探索一些面向深度学习的策略与方式。现今在重视语文核心素养时代，单元整体教学是一种指向深度的教学模式，这有利于解决目前存在的一些弊端，这是小学语文课堂教学不断提升课堂整体教学效果的重要途径，也有助于学生建立和完善语文学习的系统能力，甚至可视为未来小学语文课堂教学的发展趋势。因此，教师要注重小学生语文教育，从多角度出发，通过大量查阅资料、研究与实践发现，有效地实施小学语文单元整体教学。

二、小学语文单元整体教学的内涵

（一）小学语文单元整体教学的基本理念

"小学语文单元整体教学"这一概念可以拆分理解，即拆分为"小学""语文""单元""整体""教学"五个部分。"小学"部分强调结合小学生的生理、心理等方面的特征，在教学中坚持教师是学习的主导者，学生是学习的主体，发挥学生学习的主动性，重视学生在教学中的主体地位，尊重学生学习的规律；"语文"部分强调尊重语文学习规律，着眼于学生语文学习的综合能力，根据不同阶段的发展要求培养对应的学习能力；"单元"部分强调分析整合主题教材，把几篇课文整合在一起成为一个教学单元主题；"整体"部分强调分析教学内容之间的联系，整合教学目标和教学过程等；"教学"部分强调关注教师的教学方法和学生学习的过程等。

（二）小学语文单元教学的基本要求

小学语文单元整体教学致力于将教材的体裁、主题等方面有机组合，整合教学目标（知识与技能、过程与方法、情感态度与价值观）、教学重难点、教学方法、学生学法等；综合关注学生的学段目标、课文单元目标、课时目标，给予学生学习空间，培养学生自主学习、小组讨论、小组展示等各方面的能力。

三、在语文核心素养视野下的小学语文单元整体教学实施策略

（一）分析单元整体教学内容，关注语文核心素养

身为一名教师，备课是上好一堂课的前提条件。

首先，要关注本单元的教学内容，对其内容进行全面的分析，横向关注整个单元，从单元导语入手，深入了解该单元下属课文的文学体裁、写作特点、思想内涵等方面，提炼出各篇课文的共同特征，作为课堂教学的主线，在此基础上进一步对比分析各类课文的不同特点，作为学生自主探究的材料。

其次，从课文单元导语分析内容。比如，四年级语文上册第五单元的单元导语是"我手写我心，彩笔绘生活"，这一单元给出了两则训练点，分别是：①了解作者是怎样把事情写清楚的；②写一件事，把事情写清楚。

再次，对单元内的文章内容进行分析，教学内容包括单元导语、《麻雀》属于精读课文、《爬天都峰》和《小木船》两篇属于习作例文、习作这几个模块。精读课文《麻雀》是屠格涅夫创作的，课文叙述了文中的"我"打猎回来时，在林荫路上目睹了一只老麻雀挡在猎狗面前保护自己的孩子小麻雀的过程，歌颂了"爱"的强大力量；《爬天都峰》和《小

木船》也是相类似的叙事类文本。

最后，对照整合落实到语文学习方法的获得。对比分析各篇课文，本单元的课文均属于叙事类文本，关注点集中在讲故事、写故事的训练，参照两篇精读课文的课后习题要求，各篇课文的关注点又各有侧重。这和我们所说的语文在核心素养培养中培养学生语言建构与运用、思维发展与提升等方面有着重要的作用。

（二）整合单元整体教学目标，渗透语文核心素养

单元整体教学目标为核心。单元整体教学以单元要素为基本单位，因为构成单元的课总会在某些方面或者主题上具有关联性，所以单元整体教学目标为核心对于确立单元整体教学目标十分重要。小学语文单元整体教学目标的确立不能仅考虑语文核心素养四个维度中的某一方面，而应该以这四个维度为基石，构建富有全局性的整体性目标。学生通过对文本的学习，掌握单元必备知识，提高语言建构与运用、审美鉴赏与创造能力，通过对知识的迁移运用、问题的拓展探究，提升思维能力与理解能力，同时将语文核心素养的提升在教学目标中渗透、在教学活动中落实。

（三）采用单元整体教学方法，贯彻语文核心素养

在小学语文单元整体教学的实际操作中，教师应当选择适合的教学方法，以板块进行推进。实际教学中，可以依据学生的表现、课堂目标达成的进程、教学内容的特点等进行交互使用相应的教学方法，逐步提高学生的语文核心素养。

可以通过单元导读板块中情境的创建，引领学生进入单元情境。例如，本单元可以利用单元导读板块的插图，学生通过描述插图的画面，进入带着纸笔写作的场景，顺势依据导读中所示的要点提出疑问：作者是怎样把事情写出来的？此时，学生在脑海中也就初步建立起了本单元内课文的框架。

（四）改善单元整体教学过程，内化语文核心素养

单元整体教学的过程是整体的、系统的，语文核心素养四个维度也是整体的、相互联系的，因此，教学过程应该在整体中动态地进行，在学生自主探究的形式下进行师生对话、交流、互动。教师应在知识量较多的单元整体教学的基础上，更多地给予学生自主思考与建构的时间，使新

知识与旧知识在学生脑海中充分碰撞，促使学生主动发表对于新知识学习的看法。

在导入环节，通过对单元导读部分的内容展开交谈，带领学生进入本单元叙事主题的情境；在初读环节，引导学生在读准、读通的基础上，尝试用自己的话简要而准确地复述故事，抓住一篇文本总结出方法，再将此方法迁移运用至其他文本，在迁移过程中不断练习和完善，掌握学习方法并内化为语言表达的能力；在精读环节，通过问题导向，提出一系列具有引导性的问题，如"事情是在什么样的情况下发生的？""这部分发生了什么事情？你有怎样的体会？""作者是通过哪些方面让我们了解这些事情的？它们之间有什么相同和不同？"等等，再结合多种形式的朗读、小组交流讨论、汇报阅读心得等形式，让学生走进文本，充分感受文本所包含的语文知识和丰富内涵；在总结归纳环节，落实到写作与应用，通过共同归纳写作方法，让学生学会叙事类文本的写作方法。这有利于学生思考与在头脑中建构画面，这样，学生的思维能力会得到有效提高。

四、结论

目前小学语文教学改革的目标和方向是培养学生的语文核心素养。语文核心素养视野下的小学语文单元整体教学，不仅是语文知识的传授，更是对学生的思维、价值观念等进行综合化的培养，这有利于促进小学生德、智、体、美、劳的全面发展。在做研究的过程中，我对这一教学模式乃至小学语文这门课程，都有了更加深入的认识，也体会到作为一名小学语文教师的乐趣与艰辛。今后，我将继续以饱满的热情、认真的态度，投身于小学语文教学的研究与实践，争取成为一名优秀的人民教师。

参考文献

［1］郭姣姣.单元整体教学法在语文教学中的应用摭探［J］.成才之路，2021（12）：76-77.

［2］钟亚男.低年段单元整体教学中的能力进阶［J］.小学语文，2021（4）：31-34.

［3］韩青，崔志钢.着眼整体，任务驱动，促进言语习得和思维发展——以三年级下册第四单元阅读教学为例［J］.小学语文，2021（4）：39–43.

［4］张昱璐.小学语文阅读策略单元的系统设计与整体教学［J］.今日教育，2021（4）：58–59.

［5］蔡惠琴.小学语文单元整体阅读教学方法研究［J］.天津教育，2021（10）：154–156.

［6］王培茹.小学语文单元整体教学策略探析——以统编版三年级上册第三单元为例［J］.福建基础教育研究，2021（3）：23–25.

浅谈"小老师制"教学模式的实践与研究

林志华

长期以来，由于受应试教育的影响，部分教师片面追求升学率，在课堂教学中采用"填鸭式"的教学方式，学生被动地接受知识，课堂教学高耗低效，缺乏活力。长此以往，抹杀了学生的个性和积极性，使学生养成了极强的依赖心理，思维僵化，动手能力、实践能力和创新能力严重不足。在全面推行素质教育的今天，对于这种旧的"灌输式"的课堂教学模式，必须大胆改革。

从走上工作岗位以来，我一直践行着陶行知的教育思想，建构着"小老师制"课堂教学模式。陶行知先生早期提出了"小先生制"教学模式，让已经获得一定知识的学生去教另一部分知识获得较少的学生。而我践行"小老师制"教学模式，也是要把课堂还给学生，以学生为主体，让学生在实践与探索中获取知识、提高能力。在这个过程中，教师起主导作用，指导或引领"小老师"在班级开展互教互学活动。下面我从三个方面浅谈"小老师制"教学模式。

一、形成之前，有理论支撑

任何教学模式的形成，一般情况下，都会有理论作为指导，而我的"小老师制"教学模式的理论支撑有以下三个方面。

（一）专家引领

我觉得，"小老师制"教学模式的形成，是因为我刚走上工作岗位的时候，有着专家的引领。在师傅敖萍校长没有退休、唐惠慧教导没有调到

海口市教育研究培训院前，我经常去听他们的课，学敖校长的理念，学唐教导的说理能力。自己领悟后，回到自己班里尝试着上。很多时候，我都觉得自己比较幸运，因为敖校长和唐教导往往在上完课后，都主动和我分析他们为什么这样上，说他们的理念，说他们对教材的处理，把他们几十年的教学经验在一次次的说课中，毫无保留地传授与我，让我有了"小老师制"教学模式理念的雏形。

（二）专业阅读

我觉得，"小老师制"教学模式的形成，是因为我走上工作岗位以后读了很多书，并且是有目的性地去读。读教育专著，寻找自己的理论支撑点；读教材，力争自己能够研读透它；读自己的教学设计，力使自己能够熟背它。因为我觉得，我想要学生懂的，作为老师的我首先要懂；我想要学生说的，作为老师的我首先要会说。一直到现在，我都保持着睡前醒后读书的习惯。

（三）个人反思

我觉得，"小老师制"教学模式的形成，是因为我工作至今，一直坚持着"小老师制"这一理念，并不断地去实践与完善它。我教书十一年，带了七届学生，不管是哪一届学生，我都春风化雨般地把自己的这一理念和要求弥散于学生心里。学生能说的，我绝不多说；学生能做的，我绝不代做。一步一步地去指导他们，让他们慢慢向自己的理想靠近，让他们渐渐做到自觉、自律、自主，从而形成"小老师制"教学模式。

二、形成之中，有实践探索

在建构"小老师制"教学模式前期，我要做大量的工作，一般情况下，会分为以下几个阶段。

（一）分组的阶段

每接一个班级，我都会花大量时间去了解学生，再把他们进行分组。分组的时候，尽可能地让每组的水平基本一致，确保小组间的公平竞争。一般情况下，我将全班学生分成若干小组，每组有四名成员，每组有成绩好的学生、成绩中等的学生和成绩差的学生。每组中让一位成绩较好的学生作为"小老师"，人选可以是我推荐，也可以是学生民主选出。所选的

"小老师"一定要能干事、愿干事，一定要让学生心服口服，这样他才能起到良好的带头作用。为了提高"小老师"的能力，在日常教学中，我都尽量去培养他们，让他们在实践中成长，然后辐射到每一名同学。当然，"小老师"人选不是一成不变的，可更换，凡是能者都可做"小老师"，让更多的学生得到锻炼。这样班上就会有更多的"小老师"，就会不断涌现出更多的尖子生，使优生更优，学困生越来越好，有利于班上整体教学质量的提高。

（二）"逼"的阶段

"小老师制"教学模式，需要学生的说，需要学生在课堂中的参与。只是说的能力，每一届学生都不相同，每一名学生也不尽相同。如果整个班学生说的能力很强，"小老师制"教学模式很快就能全班铺开。比如，我接的第二届学生，绝大多数学生都敢说、能说、会说，接班第五周上公开课，就以学生为主，让"小老师"来上课。对于这样的班级，我要"逼"的是那些不敢开口、不愿开口的学生。"逼"这类学生，我的做法是：不开口的学生，要先"逼"他们开口；开口了的，要"逼"他们说得大声；大声了的，要"逼"他们说得有条理。

如果整个班说的能力不好，"小老师制"教学模式的铺开相对会困难些，因为每一个阶段需要的时间相对会长些。比如，我现在所教的班，刚开始全班学生都不敢开口，一提问，如果是集体回答，那是声音响亮；如果是单独起来回答，全班举手者寥寥无几，不是不敢说，就是怕说错；即使是说的时候，声音也只有自己才能听见。像这样的班级，我要做的就是整体"逼"。

（三）示范的阶段

每带一届，我都提醒自己，学生才是课堂的主人，我只是"协助者"和"促进者"。为了早日形成"小老师制"教学模式，刚开始接班时是最为艰辛的，因为要让学生理解我的上课意图，要让学生习惯我的上课方式与模式，很多时候要把一个细节分解成几段，来手把手地示范。讲计算题时，示范这类计算题的算理；讲应用题时，示范这类应用题的分析方法；评价时，示范这种情况如何去评价；预习时，以课本内容为示范，教学生如何去预习。

（四）模仿的阶段

模仿是个人自觉或不自觉地重复他人行为的过程。在"小老师制"教学模式里，学生的模仿是一种自觉的、有意识的行为。它是在我的一次次示范后，让学生去模仿我的示范，通过学生不断地回忆、重复，去熟悉，从而慢慢加入自己的东西，形成自己的特色，达到提高和创新的目的。

比如"林生的模仿"，就很有"小老师"范，他说的是计算$6x=35.4$。只见他上讲台把题读了一遍后，问："这是一道乘法的方程，从题中，我们获得了什么信息？"这时有很多同学举手，他便叫小艺起来回答。小艺说："它告诉了我们两个数的积和其中的一个因数，求另外一个因数。"小艺说完后，林生问大家同意吗，大家都说同意，他便让大家掌声送给小艺后，让她坐下。

接着，他问："那用什么方法计算？"这时又有很多同学举手，他便让小祥起来回答。小祥说："用除法。"他便问："用谁除以谁？"小祥回答："用35.4除以6。"他紧跟着又问："为什么？"其实这个问题前面小艺已经说过了，或许是因为紧张，小祥一下子就被问住了，一直站在那挠头。林生见此情境，就问："谁愿意来帮助小祥？"这时又有很多同学争着要说，最后他让小雯来说。

在评价的时候，大家都说林生讲得很好，很有"小老师"风范。确实，如学生所言，林生的表达是突飞猛进的，正如他这堂课所讲一样，我没有打断过，也没有重复过，就如我评价时所说的，老师来讲，大抵也不过如此，以此激励学生敢讲，慢慢做到会讲。

（五）"树榜样"的阶段

李镇西校长在评价杜郎口中学的课改时曾说："最好的学习就是给别人讲，这是个常识。"所以，每带一届学生，我都会告诉自己：学生才是课堂的"主人"。课堂是学生生活和生命的重要组成部分，也是学生未来生活技能的操练场，是学生未来人生阅历的实习地。所以，在课堂里，我不仅要让他们学到知识，还要让他们学会生活，养成好的人生习惯，为他们营造必要的交际场，让他们学会交往，学会"理论"，甚至学会"争吵"。

当大多数学生能说了之后，我往往会把一节课分成几个环节，让几个

"小老师"来组织教学，让学生中的优秀者为师，既让学生真正参与学习的全过程，又锻炼了"小老师"的实际能力。通过"小老师"的展示，不但可以带动一大批人成为"小老师"，还拓展了学生的知识面，使课内课外相结合，真正实现了开放性的课堂教学。

当一些"小老师"做得比较好的时候，为了激励更多同学，也为了给同学树立榜样，我会让这部分"小老师"和我一起备课，我再去指导他们做"小老师"来上完一节课。像这样的课，一般会从讲习题开始练，然后结合这些"小老师"上课的情况给全班同学以指导、示范、评价，让同学们从中去找榜样、找不足。通过这样的树榜样，每一届都会有许多同学有这样的上课机会，从中得到了很好的锻炼。其中一直让我引以为傲的是我所教的两届已上大学的学生里，第一届的黎一杉考上了清华大学，第二届的蒋悦考上了北京大学。蒋悦同学还曾当"小老师"来上过公开课，当时有校内外100多位老师听课，而她一点都不怯场，讲得有模有样，深受大家的好评。

三、形成之后，有模式探索

（一）自学（预习反馈）

新课程强调学生的自学能力，而预习恰好为学生自学能力的培养创造了好的条件。刚开始接班，我都会把下节课的预习提纲发给学生，让学生按预习提纲去预习。预习提纲的内容有旧知识的内容，也将新知识的内容贯穿进去。接班一段时间后，我会根据所教的内容来确定是否给学生提纲。有时候，我会直接放手，让学生自己去预习，让学生主动去探究。

通过预习，学生不但进一步巩固了旧知识，而且对新知识也有了初步了解，便于上课时跟着大家的思路走。反馈时，由各组的"小老师"汇报预习的情况，从而突出学生在学习中的主体地位。对于预习中学生反馈的不能解决的问题，"小老师"帮忙解决。如果是"小老师"也不能解决的问题，就由我组织学生一起解决，也就有了助学。

（二）助学（交流展示）

"小老师"讲课阶段。在小组教学中，就预习中反馈出来不能解决的问题，我组织"小老师"在组内、组间开展互教互学活动。在组内教学

时，"小老师"要针对小组内不能解决的问题，用自己的方法给其他成员讲。如果是小组内也不能解决的问题，还可以求助其他小组帮忙解决，这样就可以充分调动全班学生学习的积极性。学生给学生讲，他们就不会有畏惧心理，而且愿意学、主动学。这一阶段，我会深入各小组了解"小老师"讲的情况，对于他们实在不能解决的问题，会加以引导。在课堂教学活动中，我都鼓励让"小老师"大胆发言。"小老师"不仅可以在小组内、小组间教学，如果条件成熟了，还可以让他们上讲台授课，给全班学生教学。同时，对表现好的"小老师"会即时给予表扬，让他们感受到成功的喜悦。

（三）导学（解疑提炼）

教师指导学习阶段。这一阶段要针对所有学生都不能解决的重难点问题进行导学。这就要求我课前深入钻研教材，结合班里学生掌握知识的情况，做好教学预案，对怎样突出教学重点、突破教学难点，做到心中有数。对重难点的理解，不是我唱独角戏，而是培养"小老师"运用旧知识，通过自己的生活经验，将书本的知识讲给其他学生，从而做到对重点、难点知识的把握。

（四）推学（巩固拓展）

巩固提高阶段。巩固练习时，我一般设计出不同难易程度的题目，稍简单的内容让所有学生完成，难度大的仍然要"小老师"帮忙解决。这个阶段，我还对整堂课表现好的小组、"小老师"进行评价，体现评价的激励作用。激励"小老师"开动脑筋，把学到的知识进行内化，再把内化的知识进行创新，然后去教组上的学生，充分发挥"小老师"的作用，把学习的主动权真正还给学生。正如陶行知先生所说："小孩子最好的先生，不是我，也不是你，是小孩子队伍里最进步的小孩子！"从这句话中，我们不难理解学生也可以做"小老师"，每个学生都可以参与知识的学习与交流。只有这样，我们才能培养出一批批敢于思考、敢于向困难挑战的优秀学生。

"小老师制"教学模式，是我一直实践和研究的教学模式，经过十一年的实践证明，它使我的课堂教学从"以教为中心"的课堂转变为"以学为中心"的生命课堂，把学习的主动权还给学生，落实学生的主体地位，激发学生内在的学习兴趣和动力，从根本上改变课堂教学高耗低效的现状，全力打造高效课堂，努力打造"人人是老师"，即知即传的"小老师制"教学模式。

参考文献

［1］陶行知.陶行知全集［M］.成都：四川教育出版社，2005.

［2］朱永新.新教育［M］.桂林：漓江出版社，2014.

"双减"背景下七年级数学课堂
作业面批的实践与探索

卢开贤

七年级是初中阶段最重要的门槛，对于学科知识的入门兴趣，将可能影响学生后续三年的学习质量。可喜的是，国家还相应颁布课后作业的指导意见"六项管理措施"，其中包括课后作业问题。

当然，课堂作业也极为重要，它关系到学生课堂听课、笔记、内化模仿、知识提炼、知识转化、知识应用等质量高低，体现教师课堂教学方式方法、内容选材、内容设计、教学思路、问题指向等效果。同时，教师应当尊重学生的认知方式与能力差异。认知差异又称认知风格，是指个体在知觉、记忆、思维和解决问题等认知活动中加工组织信息时所显示出来的独特而稳定的风格。

一、七年级数学课堂作业设计要依照本课时课标要求，结合课本所学内容

课标是指导课程教学的重要手段，课标应成为教师备课、编写课堂"导学案"的重要依据。教师备课的一项重要任务就是作业设计。作业设计应从两个方面思考：一是课堂作业设计；二是课后作业设计。课堂作业力求知识的理解和掌握；课后作业着力知识的巩固和应用、拓展延伸。如何让这两方面的设计促进学生学习效果、提高课堂教学质量是作业布置的指导思想。

二、七年级数学课堂作业设计要具有一定的例题模仿性、可参照性，兼顾学生的个体差异性

随着学生年龄增长，独立自主完成作业已经成为事实，家长的陪伴和指导已经不现实，就近入学已经让许多学校不再安排晚自习，网络指导也不再支持。因此，据调查，86%的学生课后作业都是由自己独立完成，常规作业订正率居高不下，不仅影响教学进度，教学质量和学习效果也不高。所以，课后作业的设计理应是解决问题的源头和出发点。

例题是最好的无声老师，经过对两个班78位同学深入的调查了解，有81%的同学能够看懂例题，并且通过模仿能够使作业正确率接近92.3%。同时，借助例题的理解和掌握，有78.4%的拓展延伸训练可以独立完成，正确率达84.6%。可见，课后作业设计理应参照例题及相近问题的思路，由模仿到拓展延伸，以提供经验参考。

例如：

（1）$x - 5 = 7$

①解：方程左右两边同时加5，得

$x - 5 + 5 = 7 + 5$

$x = 12$

②解：移项，得

$x = 7 + 5$

$x = 12$

（2）$x - 5 \geq 7$

①解：不等式两边同时加上5，得

$x - 5 + 5 \geq 7 + 5$

$x \geq 12$

②解：移项，得

$x \geq 7 + 5$

$x \geq 12$

但是，在利用不等式的性质3解答问题的过程中错误率有所提升。

例如：

$-2x = 6$ $-2x \leqslant 6$

解：方程左右两边除以（-2），得   解：不等式的两边除以（-2），得

$x = -3$ $x \leqslant -3$

显然，在解答不等式的时候，部分基础弱的学生出现没有很好利用不等式的性质3进行解答。这时候，课堂上的面批就显得尤为重要。及时的矫正能够让不理解的学生更加深入地去理解不等式的性质的作用和意义，更有效地提高课堂教学效率，也很好地帮助学生对新知识的理解和掌握。

七年级学生的心智还欠缺历练，对多学科的学习在心理上具有一定的恐惧感，每一个提升都是在例题模仿的基础上才能构建数学基本思想的产生和形成。课后作业的设计也要着力变式拓展方向，力求培养学生学习欲望，促进学生兴趣的发生、发展。

三、七年级数学课堂作业设计要有明确的指向性、梯度性，还能衍生拓展训练

对于教师看似简单的问题，对部分学生而言却是难题。课堂时间有限，问题的设计一定要精准，难易程度要循序渐进，这样才有利于学生的跟进和模仿，化解不必要的拖延，也有利于帮助学生快速掌握新知识的理解和应用。

解下列方程：

（1）$x - 2 = 8$；   （2）$2（x - 2）= 8$；

（3）$2（x - 2）=（2x + 8）$；   （4）$\dfrac{x-2}{3} + \dfrac{2x+8}{2}$。

这几道题完全能够让学生掌握一元一次方程的解法，总结解答步骤。从移项到去括号再到去分母，合并同类项，最后是化系数为1，综合学生对解一元一次方程的认知规律，然后顺势而为，归纳解一元一次方程的步骤：①去分母（有分母）；②去括号（有括号）；③移项；④合并同类项；⑤系数化1。

利用课堂剩余时间综合提升，全班解答师生合作解答，再次厘清学生

的解题思路和步骤巩固。

例如：解方程

$$\frac{x+3}{6} = 1 - \frac{3-2x}{4}$$

（正确的解法）

解：去分母，方程左右两边同时乘分母的最小公倍数，得

$2(x+3) = 12 - 3(3-2x)$

去括号，得

$2x + 6 = 12 - 9 + 6x$

移项，得

$2x - 6x = 12 - 9 - 6$

合并同类项，得

$-4x = -3$

系数化1，得

$$x = \frac{3}{4}$$

（错误的解法）

解：$2(x+3) = 1 - 3(3-2x)$

$2x + 6 = 1 - 9 + 6x$

$-4x = -14$

$$x = \frac{7}{2}$$

这是一道综合性很强的题，学生错误点比较多，集中体现在去分母这一环节，还有小部分学生在去括号上没有很好地理解乘法分配律，在移项环节"符号要改变"没有很好地落实，"系数化1"环节出现，如$-4x = -14$，$x = \frac{7}{2}$。如果学生能够自己完成解答过程，那么至少说明学生对一元一次方程的解法是理解的。

四、七年级数学课堂作业面批的预设条件

课堂作业面批由于时间上的限制很难全面铺开，除了教师层面上需要精准预设之外，学生层面也需要具备一定的条件才发挥它的最大功能。

（1）时间预设。一是课堂前五分钟完成"导学案"的检查和评价；二是十分钟新课内容的讲授；三是十分钟的同步训练和五分钟的点评；四是三分钟的小结；五是五分钟的课堂检测。也就是在这同步训练的十分钟内能够扶助小部分学生的提问和面批时间。

（2）有独立自主的思考和解答。学生的提问必须是自己卡脖子的难题，老师只是起画龙点睛的作用，而不是整个过程的指导，学生要能够简单说出自己的解答思路。

（3）尝试规范表达解题过程。七年级数学的解答过程都有一个规范的书写模板，教师在学生初学过程中一定要强调规范书写。老师在面批过程中如果还需要对书写规范进行指导就会延误匡正时间，就会影响面批的人数，降低整体提高的效果，进而产生低效的面批。

（4）向同伴讲解面批的收获。为了巩固和检验面批产生的效果，聆听老师面批结束后，接受面批的学生还要用一到两分钟的时间和同伴讲解分享自己的理解，让同伴看一看自己的掌握情况。同时很好地锻炼学生的表达能力，长久训练，有利于学生的全面进步和提高。

五、七年级数学课堂作业面批，教师的课堂掌控和组织协调对学生产生深远的影响

许多学生对向老师提问思想比较复杂，一是"胆怯"，担心老师批评自己不认真听课；二是好面子、"不好意思"，不懂装懂，害怕同学说他不懂；三是不懂这个问题应该从何问起；等等。诸多因素导致问题越拖越多，经过一段时间的积累，学生逐渐对学科失去兴趣，进而产生害怕和厌烦心理，这种心理一旦形成就很难改变。因此，课堂作业教师面批和学生互批对学生都将产生深远的影响。

（1）面批作业的难易程度要与课时内容相辅相成，可模仿、可参照、可迁移。限时作业，有利于改变学生拖拉的不良习惯，即便有很大难度，

也要渐变式地去培养，同时要奖惩跟进，这样可以有效管控面批效果，提高受益面。

（2）面批作业的题量要与时间和知识难易程度相结合，掌握评估人数，以达到最大限度的面批量，让学生存在的认识不足得到现场解决。

（3）要把控面批作业的围观人数，多了影响效果，少了无法满足面批时间。鼓励更多学生积极参与作业面批，可以有效提高课堂学习效果，但是一次又不能铺开太多，主要集中在共同问题上。

（4）教师把控、协调面批作业，小组长或者小组内掌握本节内容较为扎实的同学均可以给其他同学面批。同学间的面批，更容易被相比程度较弱的同学接受。同时，可以激发有兴趣向同伴讲解问题的同学的热情，养成同学间问题探讨的习惯和氛围，形成合作学习的学风，推动良性班风的发展。

事实上，课堂上的作业面批现象早已有之，如何优化，使其发挥在课堂上的功能，促进绝大多数学生对新知识的理解和掌握，这是每一位教师课堂教学能力的又一体现。不断探索实践、把控精准的课堂教学，有利于提升课堂教学质量，也有利于提高学生学习效率，是一项值得长期研究的课题。教师无论是从个人的专业角度，还是从教学水平提高的角度，都有必要进行这项实践研究。

一句话，最美的教育，莫过于师生相互启迪，彼此成全。

参考文献

［1］皮连生.教与学的心理学［M］.上海：华东师范大学出版社，2009.

［2］郑英.教育，向美而生［M］.北京：中国人民大学出版社，2019.

多重表征视域下中考数字化实验试题特点研究

王安芝

一、前言

"多重表征"作为化学学科独特的表征模式，已经取得了诸多研究成果。钱扬义等人在Jonstone提出的三重表征（宏观表征、微观表征和符号表征）基础上，加上曲线表征，提出"四重表征"理论。

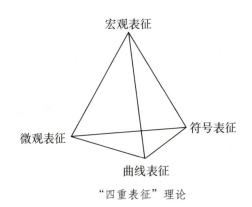

"四重表征"理论

为了规范与引领全国义务教育学校化学教学装备和科学配备，2019年教育部修订了义务教育化学学科教学装置配备，在"科学探究"主题中，表明了数字化实验选配要求，并根据不同传感器的性能特点给出了时间活动的建议。

我统计了2016年至2021年全国各地区共57份数字化实验试题，发现大部分数字化实验试题涉及大量的实验数据，在探究过程中都涉及反应现象的观察或预测等宏观表征、微粒变化等微观表征、方程式表述等符号表征。不仅如此，还涉及反应图像曲线等曲线表征。由此可见，四重表征与数字化实验试题有着密切联系。四重表征是研究中考数字化实验试题的理论基础和研究方法。

二、中考数字化实验试题研究方法

林建芬等人在2015年丰富了四重表征教学模式的内涵并划分了学生的四重表征能力水平。但林建芬等人划分的表征水平主要侧重于探究式教学中学生的表征能力水平，而本文的分析建立在中考数字化实验试题的基础上，两者之间有一定的差别。故本文的研究在林建芬提出的学生表征能力水平的要求划分的基础上，结合中考数字化实验试题的情况，对四重表征的水平进行了一定的修改，使之与数字化实验试题更加贴合。

表征水平划分

表征	序号	水平层次	具体内涵
宏观表征	A–1	水平1	了解参与反应的物质及性质
	A–2	水平2	直接根据题目信息描述实验现象
	A–3	水平3	依据相关理论描述实验现象
	A–4	水平4	解释现象变化与探究结论
微观表征	B–1	水平1	知道微粒的组成和相互作用
	B–2	水平2	理解微粒表征所诠释的实验事实
	B–3	水平3	运用微粒作用观解释实验现象
	B–4	水平4	建构微粒作用模型解决实验问题
符号表征	C–1	水平1	了解化学符号及其相应表达式的含义
	C–2	水平2	建立化学符号之间的联系
	C–3	水平3	用化学符号表征实验事实
	C–4	水平4	用化学符号的组合表达思维过程
曲线表征	D–1	水平1	从定量角度认识化学反应中的物理量
	D–2	水平2	推理相关物理量间的定量关系
	D–3	水平3	预测解释曲线的变化趋势
	D–4	水平4	根据曲线上的数据进行定量计算

三、中考数字化实验试题的统计概况

1.数量统计

我将数字化实验中考题界定为题干或问题中涉及"传感器"的中考化学试题。对逐年试题数量汇总，发现试题数量基本呈阶段性递增的趋势，这得益于信息技术的快速发展、数字化实验的普及和专家学者对数字化实验的重视。

近六年数字化实验试题数量（共57份）

2.地区统计

对近五年中考数字化实验试题地区进行分析，发现江苏、四川两个地区化学中考涉及数字化实验较多，湖北、海南两个地区紧随其后，其他地区在这五年里对数字化实验的考查较少，部分地区甚至没有涉及数字化实验的考查。

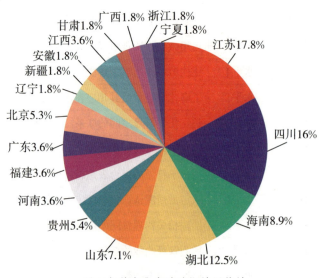

近五年数字化实验试题地区统计

3. 传感器统计

对试题所涉及的传感器进行分析，发现数字化实验涉及的传感器多样，其中涉及最多的传感器是压强传感器，其次是pH传感器和温度传感器。二氧化碳传感器、水蒸气传感器和氯离子传感器较少。在中考数字化实验试题当中还有许多未涉及的传感器，如浑浊度传感器、相对湿度传感器、溶解氧传感器等，这是因为这些传感器与中考实验题的贴合度不高，且这些传感器在日常教学当中使用较少。

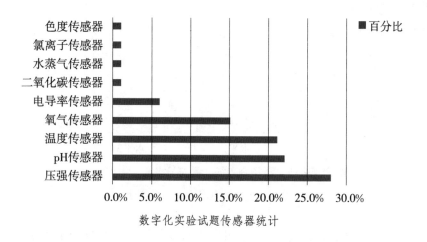

数字化实验试题传感器统计

4. 中考数字化实验试题本源知识分析

本研究的本源知识分析表建构在2012年人教版初中化学教科书内容的分类基础上，我将2012年人教版初中化学教科书中单元划为一级主题，分类结果如下图所示。

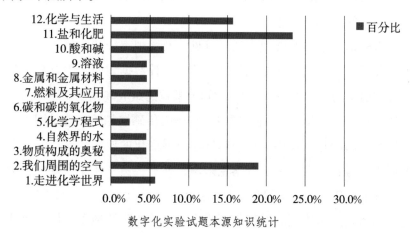

数字化实验试题本源知识统计

四、中考数字化实验试题考查的水平

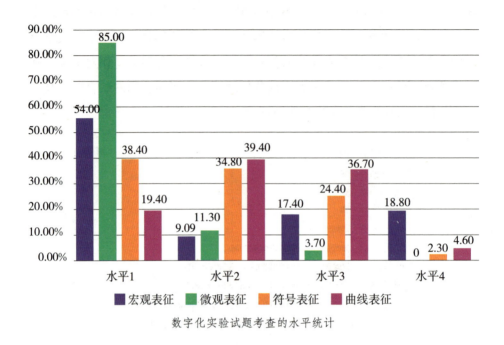

数字化实验试题考查的水平统计

本次分类规则为高级分类中包含着低级分类。将数据与上表中的水平一一对应，统计数据表明，共有121道小题涉及宏观表征，在宏观表征方面，中考数字化实验试题考查最多的是水平1——学生"了解参与反应的物质及性质"的能力，占总体的54.0％；考查较多的为水平4——学生"解释现象变化与探究结论"的能力，占总体的18.8％。这要求学生在解题过程中理解宏观现象背后的原理。

共有53道小题涉及微观表征，可见涉及微观表征的题目不多，这与初中化学涉及微观层面上的知识较少有关。统计数据表明，中考数字化实验试题考查最多的是水平1——学生"知道微粒的组成和相互作用"的能力，占总体的85.0％。水平1考的题目多与压强传感器相关，这是因为学生需要从微粒之间的相互作用关系理解气体压强变化的原因，这样的考查属于较低层次的考查，对于一部分学生来说，并不会由气体压强联想到微观层面上的分子变化，而是直接记忆"压强大，气体就变多"；水平3仅仅只有两道小题考查，运用到的微粒作用观为：分子在不断地做无规则运动；水平4没有考查。这都说明了在近五年的中考数字化实验试题当中对微观层面上的考查程度低。

共有86道小题涉及符号表征，统计数据表明，中考数字化实验试题考查最多的符号表征水平是水平1——学生"了解化学符号及其相应表达式的含义"的能力，占总体的38.4%，水平1考查的基本上是学生对题目中所给的化学符号的理解，属于较低层次的考查；水平2需要学生在解题过程当中运用到化学符号；水平3要求学生能够根据题意写出化学符号，这两个水平考查的频率也较高；而水平4则仅有两道题，这说明了学生在初中阶段符号表征水平不够高，用化学符号的组合表达思维过程对学生来说较难。

共有134道小题涉及曲线表征，统计数据表明，中考数字化实验试题考查最多的曲线表征水平是水平2——学生"推理相关物理量间的定量关系"的能力，占总体的39.4%。中考数字化实验试题主要考查学生推理曲线相关定量关系和预测解释曲线变化的能力，这两个水平处于中等水平；水平4处于较高水平，但考查得较少。

五、中考数字化实验试题中的多重转换

对中考数字化实验试题进行逐一分析，以试题中的每一小题为单位，剔除与"传感器"或"传感器"得出的数据不相关的小题，得到57道数字化实验试题中的142道小题。142道小题中的多重转换数据如下。

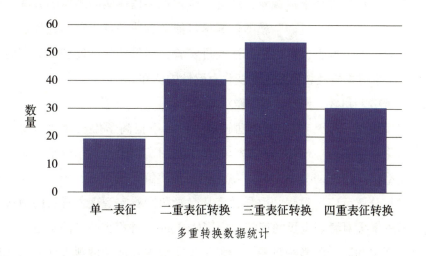

多重转换数据统计

通过数据统计可以发现，近六年中考数字化实验试题考查的表征转换覆盖单一表征、二重表征转换、三重表征转换和四重表征转换，考查全面。不同表征的方式之间相互转换会影响试题的难度。陈燕认为，解题过程涉及的转换越多，那么学生解题难度就越大。从总体上看，近年全国数字化实验试题体现出了一定的表征水平梯度，有利于区分不同层次的考生。

六、研究结论

本研究通过对2016—2020年全国中考数字化实验试题进行数据统计，从本源知识、传感器类型数量、考查的表征水平、表征之间的转换四个维度进行了数据分析，最终得出以下结果：试题数量阶段化增加；试题涉及传感器类型多样；试题平均考查表征水平较低；试题涉及的表征转换形式多样。总体而言，数字化实验试题与四重表征紧紧联系，体现了其尤为突出的地位。

七、教学启示

1. 注重积累宏观认识，加强宏观表征

宏观表征是初中学生最易接受和形成的表征方式，对知识进行宏观表征是学习者学习化学的开端。缺乏宏观经验的支持，后续的微观表征就很难进行。所以，教师在进行实验教学的过程当中，要有意识地引导学生先观察现象，再详细地描述现象，教会学生观察和描述实验现象的方法。俗话说："百闻不如一见。"教师也要尽可能地创造条件进行实验教学。在条件不允许的情况下，可以想办法改进实验，尽量让学生能观察到实验现象，让学生对物质及物质发生的变化有感性的认知。

2. 充分利用教具模拟，增强微观表征

利用模型、示意图、Flash动画等手段可以提高学生从微观角度理解和学习化学的能力。例如，在教学过程中利用实物模型展示分子、原子的微观模型；运用Flash动画展示"氯化钠溶液溶解"过程、"中和反应"过程、"复分解反应"过程，引导学生从微观角度看宏观现象背后的微观变化，增进学生对微观世界的理解；运用Netlogo软件模拟酸碱滴定过程中化学反应现象和同步的微观现象，增强学生在宏观表征与微观表征上的转换

能力。

3. 突出化学用语意义，强化符号表征

对于许多化学新手而言，用机械记忆的方式而不加以理解，对符号表征代表的宏观和微观含义一知半解，会加深符号表征的学习难度。所以在符号表征的教学过程当中，教师不能只教学生口诀记忆，而是要灵活运用微观模型、动画、图示等手段，给学生带来充分的感知，通过化学符号蕴含宏观与微观信息的展现，使学生明白符号表征背后的含义。最后用大量例子来深化应用，直到学生在大脑中以符号表征连接宏观表征、微观表征，真正发挥符号表征的作用。

4. 挖掘实验曲线特点，增值曲线表征

一方面，教师要充分利用教材中大量的数据曲线类的图表，教会学生从图表当中的特殊点提取信息的能力；另一方面，在条件允许的情况下，可以引进数字化实验设备，对于一些常考的课题如"空气中氧气的含量""中和反应""复分解反应"等利用数字化实验进行科学探究。在教学过程当中引导学生根据反应原理预测曲线趋势。在平时的教学当中可以引导学生思考：如果在溶液当中安装了电导率传感器，曲线应该怎么变化呢？曲线当中的这个特殊点代表着什么呢？通过这些途径让学生逐步提高多重表征的能力和意识，形成自己的学习方式。

5. 运用多重表征视角，提高转换能力

四重表征之间虽然是从不同的角度对化学知识进行表征，但这四种表征之间不是孤立的。毕华林认为学生对化学知识的建构不是某一种表征形式能够单独完成的。所以，首先，教师在教学过程当中要有四重表征的教学意识，可以通过典型的"宏观—符号—微观—符号—曲线"四重表征教学模式顺序设计认知发展路径，将四重表征的路径外显化。其次，教师还要尽可能地创造四重表征的学习情境，引导学生体验四重表征的妙处。例如，在日常教学中提问："这些知识点之间有什么内在联系呢？""曲线上的这个点对应了哪些宏观现象？有什么样的微观变化？怎么用化学方程式去表示？"再次，教师在解题时也可以有意暴露自己的思维过程，使学生充分注意到教师的表征方式，让学生直接吸取教师的思维方法。最后，教师要注意让学生暴露思维过程，培养学生四重表征的意

识，引导学生通过内化逐步提高单一表征水平和四重表征之间的转换能力。

参考文献

［1］钱扬义，张积家，罗秀玲，等.化学概念与化学"学科关键词"的学习与认知［M］.北京：科学出版社，2009.

［2］林建芬，盛晓婧，钱扬义.化学"四重表征"教学模式的理论建构与实践研究——从15年数字化手持技术实验研究的回顾谈起［J］.化学教育，2015，36（7）：1-6.

［3］陈燕.化学教科书学习难度评估工具的开发与应用［D］.上海：华东师范大学，2013.

［4］毕华林，亓元英.化学学习心理学——促进学生高效学习的实证研究［M］.济南：山东教育出版社，2012.

信息技术促进初中生地理作业课外互助学习"五步走"

——以八年级上册"中国的气候"为例

彭玉凝

一、信息技术与初中生地理作业课外互助学习融合的必要性

时代的需要：21世纪是知识飞速发展的时代，学生综合能力的培养更是现代教育的目的。国家和社会需要全方位的人才，应试教育已不能满足现代教育的需求。我们应该改进原有的教育方式，培养学生多方面的能力，这样教育出的孩子才能适应时代的发展以及社会和国家的需求。

课改的需求："双减"政策落地后，课堂的教学要改革，布置的作业更需要提质、减量、多样化，保证学生能够吃"饱"的同时更要吃"好"。在现代信息技术的帮助下，地理作业课外互助学习恰恰符合"双减"政策的要求，既能满足学生课堂学习的延续性，又能让学生学习多样化。

教学的需求：传统的课外学习方式就是辅导，主要依赖教师利用课后或周末的时间对学生进行学习上的指导与帮助，这样的方式只会将老师牢牢拴住。利用信息技术进行地理作业课外互助学习，既能帮助每一名学生提高成绩和各方面的能力，又能使教师有足够的时间投身于教育教学。如何利用信息技术帮助学生顺利完成地理作业课外互助学习？这里以湘教版八年级上册地理"中国的气候"为例，说明学生是如何借助信息技术手段有组织、有计划、有目的地开展地理作业课外互助学习的。

二、具体实施步骤

（一）"联"起来：利用信息技术布置任务

首先，对全班进行分组，每组六至七人，小组内至少有两名优等生、两名中等生。其次，在开始第一次"地理作业"时，教师要先选择较为容易的几节课给孩子们作为试手，每组选择一个课题。最后，教师利用幻灯片展示地理作业模板。地理作业就是每组以自己所选的课题为中心，利用信息技术手段制作相应课题的导学案、幻灯片以及课堂检测。

八（年级）地理（学科）导学案

编号：　　课型：新授课　上课时间：　　　主务人：

班级：　　小组：第　组　姓名：　　　评价1：　　评价2：

课题：		课题：	
［学习目标］	个性笔记栏	［课中导学］	个性笔记栏
［课前导学］		［课后总结归纳］	

导学案模板

八（年级）地理（学科）课堂检测

编号：　　课型：新授课　上课时间：　　　主务人：

班级：　　小组：　　姓名：　　　评价1：　　评价2：

课题：		课题：	
题目每题10分，满分100分，题目限时7分钟内做完。 ［必做题］ 1. 2. 3. 4.	个性笔记栏	［选做题］ 1. 2. 3. 4. 5.	个性笔记栏

课堂检测模板

(二) "动"起来：利用信息技术完成作业

各组接到任务后，组长根据本组组员情况进行分工布置。组长是本组的组织者，要具有很强的组织、协调、统筹能力。例如，选择"中国的气候"这一课题的第六组。组长小凡，负责指挥组员、分配任务。组员1：小隆，十分聪明的孩子，博学多才，他负责提供导学案和课堂检测制作的思路。组员2：小梁，可以说是本组的智多星，负责利用Word、PPT软件制作导学案和课件。组员3：小珺，非常细心的姑娘，负责对组长建议进行修改、完善。组员4：小雅，负责把制作好的导学案进行印刷，并分发给全班同学。组员5小语和组员6小佳是全组最文静的两位姑娘，她们俩主要负责参与小组讨论设计方案。

分工完成后，组员们利用任何可以利用的时间进行讨论。这是一次完全由他们把握的地理作业。他们表现得非常积极，希望把最好的成果展示给全班同学。他们有的利用信息技术课上的时间、有的利用课后回家的时间、有的利用课间时间，全身心地投入思考。确定好思路和方向后，大家立刻行动起来。第一次利用信息技术手段进行制作，这对于孩子们来说是一次考验。在自身计算机技术不太娴熟的情况下，孩子们虚心向信息技术老师或我请教。孩子们制作出的成果虽不是完美的，但这是一次从无到有的过程、从0到1的转变，是一次大胆尝试的改革，是孩子们从老师教到自己主动学的迈进，是一次"要我学"到"我要学"的转换，是一次历史性的突破，意义非凡。

(三) "走"出去：利用信息技术展示成果

制作好的导学案，组员在上课前一天发给每一位同学，并布置同学们把导学案做完，作业量在十分钟左右。第二天，组长派组员分头检查全班同学的完成情况并做好记录，对于同学们空白的题进行统计，课堂展示环节重点对大家不会的题目进行讲解。

展示环节开始，组长指定组员或自己上台，利用做好的课件逐一为大家讲解本节课的重点知识。本环节很重要，因为展示环节做得好的小组，同学们对他们所讲内容越明白，接下来的课堂检测题正确率就越高，小组积分也会越多。所以，展示环节他们很认真，做的课件很详细，简单易懂且很有趣。在讲解时，台上的同学风趣幽默，时不时让台下的同学们开怀

大笑。例如，在讲到中国的气温分布规律时，为了贴近生活，让大家容易明白，他们设计了一个活动：玲玲说冬季气温最低区域在北方。贝贝说冬、夏季气温最低区域都在北方，让同学们判断并发表自己的看法。

幻灯片模板

（四）"坐"下来：利用信息技术检测成果

在这一环节，孩子们利用网络技术，查找题目，并设计两种类型的题目：第一种是必做题，根据本节课的知识点，出五道题目，并保证大部分同学都能做出来；第二种是选做题，这部分题目可以将难度稍稍提升，有能力的同学可以挑战。组员出好的题目，组长要把关，避免必做题过难，选做题过于简单或题目超出本节课的内容。

课堂展示环节过后，组长指定组员分发检测题，同学七分钟内做完，时间到后，小组长带领组员利用扫描仪进行扫描、统分。老师再根据得分情况给该小组奖励分数。

（五）"沉"下来：利用信息技术总结反思

学完了一课，小组长带领组员们反思。晚上，组员利用微信或QQ等形式，把自己的收获、感悟以短信或语音的形式发送给组长，组长再把小组内的建议、收获汇总告诉我。例如"中国的气候"一课分为三个课时，他们一下子做了三节课的内容。反思的体会是：第一，内容过多，工程量过大。第一次做困难多、阻碍大，如利用Word软件制作导学案时不会变化字体，打字不够熟练、速度慢，不懂保存做好的文件，容易丢失，等等。第二，在展示环节，讲解的同学一定要先熟悉课件。第三，讲解的同学声音一定要大，太小声或吐字不清会影响同学们的听课效果。第四，在同学们讲不到位的地方，老师进行补充是最好的。

三、收获与感悟

（一）学生自主学习能力增强

通过信息化地理作业的促进，学生能更自主地去学习，摆脱传统的依赖老师带动去思考，自己主动去看课文，找出课本中的关键知识，并通过信息技术手段形成一整套完整的学习流程。在信息技术不太娴熟的情况下，同学们能主动找寻方法、攻克难关。在完成任务的过程中，虽然遇到了重重困难，但同学们依旧没有放弃，自主学习能力得到了很好的提升。

（二）学习分析解决能力增强

学生在看懂课文中的知识的同时，还要找到知识之间的联系进行分析、消化，思考知识形成的规律。然后通过自己的理解，运用信息技术手段做出导学案、课件和课堂检测。最后用简单、明了、有趣的方式或语言表达出来，让同学们听得明白。这个过程无疑是最难的，也最能考验一个学生的综合能力。学生只要参与其中，无论收效如何，他都会有一个思考的过程，只要有思考，就会有收获，只要有收获，就会有进步。他们第一次接触会感到步履艰难，第二次做时就会轻车熟路，这也是个学习的方法。通过一次的学习，就熟悉了方法和途径，以后在自主学习其他课文时，便可达到举一反三的效果。

（三）学生协调组织能力的增强

例如，通过地理作业"中国的气候"这节课题的布置，第六小组学生的协调、组织能力有了很明显的提升。例如，组长会根据组员的优势来协调工作，按各自的情况来安排任务，这样可以达到事半功倍的效果。在完成地理作业期间，组长要时常监督、检查组员的完成情况，对于不好的地方要及时纠正，起到统领、监督的作用。组员之间相互配合，学会与他人

相处，并发挥自己的优势，同时在组内赢得他人的认同与尊重，从而获得心理上的成就感。

（四）学生语言表达能力增强

在制作课件后，学生需要组织好语言，清晰、明白地告诉大家自己的意思。借助麦克风，学生能大声地表达出来。这为学生提供了平台，锻炼学生的表达能力和语言组织能力。只要学生能站在讲台上表达出来，就说明他已经对知识有了较好的掌握。

（五）学生归纳总结能力增强

从这几个方面可以看出学生的归纳总结能力增强：第一，在表达时，学生要想让其他同学明白，就要把知识点概括成简单的一句话或一张图表，让大家能很快记住。第二，在下发导学案后，第二天学生需要统计同学们不会的题目，以便为大家更好地全面掌握知识找到方法。第三，学完了一课后，利用微信、QQ等将学习方法记录下来，以便今后改进或更好地利用。

如何提高初中女生体育课上的积极性

吴英宇

初中体育教学中，教师要培养学生积极锻炼的意识，让学生真正爱上运动。在体育课堂中，我们总是觉得男生的参与热情普遍要比女生高，甚至有些女生对于体育课总是表现出厌恶或者逃避的态度。如何根据女生的生理、心理特点，调动其参与运动的积极性，成了许多体育老师关注的问题。女生是初中体育教学中的重要群体，了解她们的心理特点，掌握她们在青春期的生理变化，采取有效的策略和方法，解决女生在体育课中的困扰和担忧，让她们积极地参与到体育运动中来，已经成为体育老师的共同期待。

一、成因分析

（一）青春期的生理、心理变化

初中女生年龄一般在13～16岁，正值青春期，生理和心理上都有了变化，女生在青春期身体发育较快，皮下脂肪开始堆积，并出现了月经，因此部分女生就表现出不愿意活动，不想参与活动，更有甚者想办法找借口请假。青春期的女生也开始关注自己的外貌打扮，担心参与某些活动会弄脏自己的衣服、鞋子，这也降低了她们参与体育运动的兴趣。此外，青春期的女生比较敏感、害羞，自尊心强，害怕在活动中失败或者出洋相，所以选择了放弃。

（二）考试、升学的压力

进入初中之后，学生的学业压力明显增大，尤其是进入初三，各种考

试模拟让学生原本紧张的学习生活变得更加紧张，如果遭遇考试失利，女生总是很难从失败的阴影中走出来，她们就把失败的情绪带到体育课上，根本没有心思上体育课。有些好胜心强的学生，还利用体育课来学习文化课知识。

（三）家庭、学校的因素

随着中考形势的严峻，有些家长觉得学习成绩好是最重要的，参加体育锻炼是浪费时间，不支持学生参与体育活动。特别是女生，家长觉得女生就应该文静、乖巧，没有必要参加体育锻炼。另外，为了提高升学率，体育老师会对中考体育考试的三个项目进行强化训练，尤其到了临近体育考试前，体育课完全成了训练课，高强度的训练使学生对体育课出现了厌烦心理，一碰到柔韧性练习总是叫苦连连。

我多年从事学校体育一线教学工作，针对以上分析的原因，制定了一系列应对策略并付诸实践，在实践中取得了一些效果，现总结如下。

二、应对策略

（一）明确目的，激发兴趣

很多女生不愿意参加体育运动，更多的是对于体育课认识不足，认为体育课就是单纯的放松、玩，有的女生还认为参与过多的体育运动，会让自己的身材变形。作为体育教师，应该宣传好上好体育课以及积极参与体育锻炼的意义与作用，使她们真正明白体育锻炼能让她们拥有健康的体魄，保持良好的体形，不但不会让她们变丑，还会让她们的体形变得更匀称、更漂亮，从而激发她们对体育运动的兴趣，克服内心的恐惧。

（二）树立自信，培养学生在体育运动中的毅力

生理和心理因素导致女生在体育运动中缺乏自信、缺乏毅力。体育教师应在课上给予及时的鼓励和表扬，一旦在训练中女生表现得稍突出或者有进步时，要立即表扬，增强女生信心。也要多赞美女生优势，与男生相比，女生在柔韧性、协调性上会比男生好。教师多称赞，女生在运动中也就自信了、大胆了，自然参与热情也会变高。

另外，教师可以借助观看体育比赛视频，从现场比赛中让学生感受体育的魅力，增强民族自豪感和自信心。里约奥运会上，中国女排姑娘的精

彩表现让许多中国球迷至今难忘。利用前几周一次室内体育课的机会，我组织了一个班的学生再次重温了中国女排夺冠的精彩瞬间，全班学生热情高涨，女生一声声的叫好声，表明了她们内心的那份自豪和自信，同时，女排姑娘身上所表现出来的毅力和坚持也让她们佩服。相信她们在以后的体育课上也会变得积极主动、热情参与。

（三）标准适宜，逐步提高

在体育课练习中，总会出现有些女生因为训练难度大或者要求高而胆怯放弃。教师在设计训练标准时应该适宜，逐步提高，每节课定一个小目标，逐渐让学生向大目标靠近。比如，跳高课中，女生的及格高度是90厘米，第一节课时，有些女生初次跳高，看到杆就害怕，不敢越过。教师可以鼓励学生先完成80厘米，多练习，在不断的练习中积累经验，找到技巧，第二节课再逐渐增加高度。到了第二节，有了上节课的跳高基础，大部分学生已经可以跳过90厘米，有的甚至可以挑战新的高度。这样既锻炼了学生的胆量，又增强了学生的信心，提高了学习效率。

（四）关注女生，设计适合女生的项目和活动

由于受场地和体育器材的限制，体育课往往是男生的天下，篮球场、足球场上活动的都是男生，大部分女生似乎对这些球类运动都不感兴趣。教师要准备一些比较适合女生参与的活动，如可以鼓励女生参与排球运动，利用15分钟左右的时间让学生练习垫球，可以对垫或者分组比赛垫球，接着可以组织学生开展小型的比赛，通过比赛增强女生的信心和集体荣誉感。在整个过程中，教师一定要适当地示范和指导，如果全程都让学生自己完成，学生会觉得被冷落，也会影响活动效果。

（五）关爱学生，尊重学生，营造和谐的教学氛围

关爱理解是沟通师生情感的桥梁，体育教师也应该把关爱理解学生放在首位。体育课上总会碰到有些女生因为生理期请假，体育教师要注意关心学生、理解学生，对于学生提出的要求尽力去满足，而不能置之不理或是板着面孔，对于实在不能参与体育锻炼的学生应该及时安排休息。

在体育教学中，教师要与学生平等相处，共同练习，营造和谐的教学氛围。体育教学中，教师的示范作用是必不可少的，即使是一些简单易学的动作要领，教师也要示范，跟学生一起练习，这样才能激起学生的学习

兴趣。比如，我在每节体育课前都会要求学生做热身运动，每到腰部运动的时候，总会有些女生因为害羞而不做或者敷衍完成，看到这种现象，每节课前的热身运动我都带领学生一起完成，在完成过程中还讲解每一种动作带给她们的好处，这样一来，女生的参与热情明显提高了，以前的别扭和不好意思也没有了。

通过上述一些方法的实施，女生对于体育课的畏惧感明显减少了，由原本的怕上体育课发展到想上体育课，我相信经过自己的不懈努力，她们一定也会爱上体育课，爱上体育运动。只要我们每一位体育教师在工作中做到敢于尝试，善于总结，努力提高自己的业务水平，调动学生的积极性，体育课的质量肯定会提高，学生的身体素质也会不断提高。

参考文献

[1] 李玉欣.体育教学中学生自主学习能力的培养 [J].河南教育，2003（6）：34.

[2] 郭凯.试论对中学生体育能力的培养 [J].内蒙古教育，2012（4）：47-48.

初中化学教学中学生"核心素养"的实践探究

张 尧

化学，这门自然科学对于处于初中阶段的学生来说，是在九年级才第一次接触。这门科学的内容与我们生活中的衣、食、住、行等方面息息相关。在学生学习的过程中要通过做实验来寻找证据、印证猜想，从而得出结论。科学探究能力是教师需要着重注意的目标之一，核心素养也是初中化学的培养目标，并且在一定程度上通过我们日常生活体现出来。核心素养的培养应贯穿整个初中化学教学过程，在能够促进学生化学课程学习的同时，对其他学科的学习也有积极影响。因此，对于化学教师而言，除了在教学过程中采用多样化的教学方式外，更要通过兴趣来引导学生在化学知识的理论学习和实验实践过程中，通过一定的自主学习来提升自身的核心素养，能够通过更多的自身对化学的思维和素养来处理日常生活中一些与化学相关的实际问题。主要通过以下几个方面探究。

一、理解化学教学中"核心素养"的基本内涵

化学教学中的核心素养是通过学生在日常的生活和学习过程，养成具有一些化学专业性的思维习惯，通过学生间的差异来让学生在化学的认知和思维方面实现个性化的发展，更是希望通过所学的化学知识去解决一些生活问题，完成学生对化学所感兴趣的内容和学生的实际发展的有机结合。同时，在教学过程中，还需要将现代化信息技术和时代发展理念等先进的教学手段融入课题教学过程之中，寻求学生乐于接受的教学方式来完成初中化学核心素养的培育。

例如，在海南地区，家里的浴室或厨房里难免会有铁锈的污痕。学生在学习过氧化铁的性质以后，知道氧化铁能与酸发生反应，就可利用家里常常能够找到的酸性物质来除锈污，如食用的白醋或是洁厕灵。亦可通过比较二者的去污效果，来更好地理解二者的酸性相对强弱。使"核心素养"逐步通过化学学科的学习，内化为学生自己的"妙招"，最终解决生活中遇到的相关问题。

二、培养初中阶段的化学精神

在初中生化学核心素养的培养过程中，学习化学知识是学好化学的一个重要前提，但是这些对于今后化学的学习是远远不够的，必须让学生掌握一定的化学规律和现象，通过对化学现象分析，探索化学本质，并且能够探究出一定的规律，树立起化学思维和化学精神，最后形成自己的化学思想，能够从自己的日常生活出发，通过自身掌握的初步化学知识，来分析和解决一些实际问题，结合自身对于化学学科的理解来形成一定系统性和个体性的化学体系。

例如，在2012年人教版化学（九年级下册）教材第九单元课题2"溶解度"第一课时饱和溶液的学习中，学生在日常生活中冲泡过固体饮料、固体的药物冲剂，在喝咖啡的时候加过咖啡伴侣和砂糖，这些都是本课学习内容的实际应用。学生知道少加水或多加糖都会出现糖不会再溶解的情况，但如何用化学的视角去看待此常见现象，如何用化学的语言去解释该现象，学生是不清楚的。在硝酸钾溶于水的实验探究中，首先，利用控制变量的思想去引导学生分析，让学生懂得，化学实验的前提是严谨。其次，向固定体积的水中依次加入相同量的硝酸钾，观察硝酸钾溶解的情况，初步理解饱和溶液与不饱和溶液的区别。再次，还是根据学生已有的生活经验，想办法让没有溶解的硝酸钾继续溶解，使学生体会通过猜想最终付诸实践得到证实的过程。最后，通过实验探究过程中的变化，学生逐步完善饱和溶液与不饱和溶液比较的条件，总结二者相互转化的办法有哪些，使学生懂得课本的知识是来源于生活，最终通过探究整理再次回归到课本的道理。从生活中的具体事例来实现化学思维的培养就会最终使"核心素养"真正落地。

三、强化初中化学教学中的探索分析

初中阶段作为学生思维能力培养的关键时期，思维能力培养在培养学生核心素养的过程中尤为重要。化学和其他学科相比，自身带有一定的独特性，教师在化学教学中，除了充分激发学生的学习兴趣，更需要逐渐培养学生的化学思维，使学生在积极的化学探究过程中提高思维能力。

例如，H_2在O_2中燃烧生成H_2O的过程中，由两种看不见的物质生成了可以看得见、摸得着的物质，该过程展现了两个世界特征，即从微观世界到宏观世界的转变。又如，在酸和碱的反应中，要证明二者发生了反应，可以借助其他物质来实现猜想的印证，从尝试用pH试纸来测定二者混合前后的pH试纸的颜色变化到添加指示剂。通过对该过程变化探索分析，增强对物质组成、结构和类别的探究能力，进而使学生提升物质世界观，最终形成化学思维。

四、开展化学问题的情景教学

在化学的教学过程中，除了培养学生的化学精神和化学思维，教师还可以通过日常化学问题开展情景教学，但必须结合日常生活，通过相应的化学情景教学，引导和激发学生进行化学学习的热情与兴趣，提升学生分析和解决实际问题的能力，进而强化学生学习化学的自学能力。

例如，在讲解金属的锈蚀条件之前，让学生谈谈家里的金属制品在什么环境中容易"坏掉"，从而引导出金属腐蚀条件的探究。又如，讲解老人骨质疏松这一日常生活现象，引导出化学元素钙，进而引导出地球表层岩石的构成等。

初中化学"核心素养"的培养目标是在强化学生掌握化学基础知识的同时，从化学课本实际情况出发，通过日常化学教学，在教学过程中激发学生实践积极性和学习化学兴趣，初步培养学生化学思维，提升学生多角度分析和解决实际问题的能力，这是化学教学中始终贯穿的主线。

参考文献

刘春荣.促进科学探究能力发展的初中化学实验教学研究［J］.读与写，2021（8）：208.

下 篇

课堂教学

"小数的意义和性质"教学设计

林天丽

课题	小数的意义和性质		
日期	2021年9月24日	节次	1
来源	江苏凤凰教育出版社		
课型	新授	授课对象	五（2）班
设计者	海口市海景学校　林天丽		
目标确立依据	课标分析	1.课标摘录 《义务教育数学课程标准（2011年版）》第21页对本节课的相关要求是： 结合具体情境，理解小数和分数的意义，理解百分数的意义；会进行小数、分数和百分数的转化（不包括将循环小数化为分数）。 2.课标分解 学生学什么： 学习小数的意义并能正确读写小数。 学到什么程度： 课标中的"理解"，其一是指学生能够借助米尺图说出一位小数的产生过程；其二是指学生能够归纳出一位小数表示十分之几，两位小数表示百分之几，三位小数表示千分之几…… 课标中的会"转化"是指学生能用自己的语言解释分数转化成小数的过程。 怎么学： 创设情境，让学生在说一说、比一比、画一画的活动中学习小数的意义，并能正确读写小数。		

	教材 分析	小数的意义和性质是五年级上册第三单元的内容，是在学习了分数的初步认识和小数的初步认识的基础上学习的内容。本课是本单元的重点教学内容，是学生进一步探索小数的性质、学习小数的大小比较以及理解求一个小数近似数的方法的基础，也为后面学习小数四则运算打下良好基础。 教材利用学生对米与分米、厘米、毫米及其相互关系的认识，引导学生初步感知两位小数和三位小数的意义，掌握小数的读写方法。这也体现了课标中所要求的"理解小数和分数的意义""会进行小数分数和百分数的转化"
目标 确立 依据	学情 分析	前测及数据分析： 看图写小数。

1.　　　　　　　　　　 2.　　　　 3.

（　　　）　　（　　　）（　　　）

通过前测分析了解到，学生对这部分知识的理解情况如下表所示。

"小数的意义"前测情况统计

	正确人数	错误人数
第1题	45人	5人
第2题	19人	31人（其中27人填0.1）
第3题	26人	24人

存在的问题：

1.部分学生虽然知道了十分之几也可以写成零点几，但只是粗略地感受到了小数与分数的紧密联系，却没有意识到"十等分"这一关键条件，认为只要取到几份就是零点几。

2.第3小题写错的原因有二：一是跟第2题类似，认为有几份就是零点几，并未关注是否是十份中的几份；二是有学生认为平均分成几份就是零点几。

解决策略：

从这样的前测结果可以判断，五年级学生对小数的认识积累了一定的生活经验，但仅停留在感性认识阶段，缺少理性认识。部分学生对小数意义的理解达到了事实性理解的水平，但还没有达到概念化理解的水平。

这一状况提醒我们在教学"小数的意义"时，更需要在"十等分"上下功夫，才能更好地帮助学生建构小数的意义

续 表

学习目标	1.给定情境，讨论交流，学生借助几何直观图能说出一位小数产生的必要性。 2.给定图形，学生操作交流，能归纳出两位小数表示百分之几，并会读写两位小数。 3.给定例子，学生集体汇报，学生能用自己的语言解释分数转化成小数的过程，并会读写三位小数
评估任务	1.学生借助米尺图交流并说出一位小数产生的必要性。 2.学生交流归纳出两位小数表示百分之几。 3.学生能用自己的语言解释分数转化成小数的过程

<table>
<tr><td colspan="3" align="center">教学过程</td></tr>
<tr><td>教学环节</td><td>教学活动</td><td>评估要点</td></tr>
<tr><td>引起注意
激活旧知</td><td>谈话：生活中在哪儿见过小数？
明确：生活中不能用整数表示时，我们可以用小数表示。
活动一：唤醒旧知，建立联系
1.出示米尺图。
2.学生观察米尺图，说说1分米表示1米的几分之几，9分米呢？
小结：像零点几这样的小数，小数点右边只有一位小数，数学上把这样的小数叫作一位小数。那么，一位小数零点几就表示十分之几</td><td>通过学生熟悉的生活场景引出小数，体会小数产生的必要性</td></tr>
<tr><td rowspan="2">提供情境
指导学习</td><td>活动二：借助米尺图，表征意义
出示不满整格的图片。
提出问题：不满1分米怎么办？
引导：把1米平均分成100份，每份就是1厘米，是1米的百分之一，是0.01米。
4厘米、14厘米怎么表示？
小结：小数点右边有两位数，数学上把这样的小数叫作两位小数。两位小数表示百分之几。</td><td>学生借助米尺图直观交流并说出一位小数产生的过程。</td></tr>
<tr><td>活动三：沟通联系，整体建构
1.类比推理，研究三位小数。
明确：三位小数表示千分之几，千分之几可以写成三位小数，尝试读写三位小数。
2.举例说明，深化理解。
学生举例，并集体汇报。
归纳总结：像这样的分母是10、100、1000……的分数都可以用小数表示。一位小数表示十分之几，两位小数表示百分之几，三位小数表示千分之几……这就是今天学习的小数的意义</td><td>学生交流归纳出两位小数表示百分之几</td></tr>
</table>

教学过程		
教学环节	教学活动	评估要点
学习检测	**1.基础题** 在括号里填上合适的数。 $\dfrac{3}{10}$ = （　） 　　$\dfrac{3}{100}$ = （　） 　　$\dfrac{21}{1000}$ = （　） 0.8 = （　） 　　0.37 = （　） 　　0.256 = （　） **2.变式题** 1分是 $\dfrac{（　）}{（　）}$ 元，写成小数是（　）元。 5分是 $\dfrac{（　）}{（　）}$ 元，写成小数是（　）元。 7角3分是 $\dfrac{（　）}{（　）}$ 元，写成小数是（　）元。 **3.图文题** 下面每个图形都表示整数"1"，把涂色部分分别用分数和小数表示出来。 　　分数：_____　　分数：_____　　分数：_____ 　　小数：_____　　小数：_____　　小数：_____ **4.拓展题** 在直线上描点表示下面各数。 　　　　0.5　　1.3　　2.6　　3.75　　4.05 　0　　1　　2　　3　　4　　5	学生能用自己的语言解释分数转化成小数的过程，能总结概括小数的意义。 数形结合，学生能进一步理解小数的意义，并能灵活运用

"时、分、秒"教学设计

李 萍

课题	时、分、秒		
日期	2020年4月30日	节次	2
来源	江苏凤凰教育出版社		
课型	概念课	授课对象	二（1）学生
设计者	海口市海景学校　李 萍		
目标 确立 依据	课标 分析	1.课标摘录 《义务教育数学课程标准（2011年版）》对本节课的要求是： 能认识钟表，了解24时记时法；结合自己的生活经验，体验时间的长短。 能结合生活实际，解决与常见的量有关的简单问题。 2.课标分解 学生学什么： 学生学习几时几分及其读写。第一，引入几时几分的必要性，教材通过小朋友从起床到上学的活动图引出几时几分的必要性；第二，几时几分的观察顺序，即说出几时几分的判断方法；第三，能正确读、写几时几分。 学到什么程度： 所谓"能认识钟表"即给出任意的一个钟面，学生可以准确说出几时几分，并能正确区分"比几时少一些"和"比几时多一些"的情况。所谓"解决与常见的量有关的简单问题"，即学生通过学习几时几分，能够科学安排自己的时间。		

目标确立依据	**课标分析**	怎么学： 所谓"结合生活经验"，即通过学生已学的整时和自己的生活经验，在情境中对几时几分的认识，具体到本节课，通过小朋友的活动图，意在引出认识一般时间的必要性。再利用学生熟悉的整时出发，观察指针走动的特点找出观察的方法，对于"大约几时"，通过让学生之间用生生对话、生生质疑的方式辨别
	教材分析	时、分、秒是小学数学二年级下册第二单元的内容，为了达成课标要求，遵循学生学习的认知规律，本节课利用学生已有的生活经验和已学的整时，创设了小朋友从起床到上学活动的具体情境，让学生经历从熟悉的整时到不熟悉的非整时，体会学习非整时存在的必要性。出示"比几时少一些"和"比几时多一些"的钟面，对比辨别钟面。 为了帮助学生梳理认识几时几分的观察顺序，教材提出以下几个问题。 问题1：分针从12起走过了多少个小格？ 这个问题是学生熟悉的知识点，让学生从熟悉的知识点出发。 问题2：这时钟面上是几时几分？ 学生结合时针走过几就是"几时多"和"分针走了多少个小格就是几分钟"，让学生整体观察例3中四幅图，让学生感受时间是按顺序改变的，并帮助学生梳理图片观察的顺序。 问题3：出示接近8时的两个钟面，大约是几时？各是几时几分？ 在掌握观察非整时的方法后，让学生回答，并说出理由
	学情分析	本节课考虑到学生已有的生活经验和已学的整时的内容，为把握好学生学习新知的起点，执教本节课之前，对二（1）班的49名学生，通过"线上作业"的方式，课前有意识地布置作业，让学生感受生活中半时的实践活动，并进行相关知识点的前测。 学前检测： 前测内容：出示钟面7时半，你能用自己的话说一说时针和分针的指向特点吗？ 你会认7时半的钟面吗？ 情况分析：

问题	1.出示钟面7时半，你能用自己的话说一说时针和分针的指向特点吗？	2.你会认7时半的钟面吗？
正确率	91.8%的学生能够说出7时半的钟面，时针在7和8之间、分针指向6	48.9%的学生能够准确认出半时的钟面

续表

目标确立依据	学情分析	从课堂前测的结果和以往的教学经验来看，有生活经验的学生在学习时会轻松很多，缺乏生活经验的学生在学习时不易理解本课内容，有学习上的困难。 解决策略： 课标中指出有效的教学活动是教师的教和学生的学的统一。学生获得知识，必须建立在其自己思考的基础上。 1.在处理本节课重点例3时，我会采用体验式教学法，让学生通过自主学习和合作学习的方式认识几时几分，并帮助学生梳理相关知识点。 2.出示"比几时少一些"和"比几时多一些"的钟面，通过生生对话、生生质疑的学习方式，对比辨别钟面的不同
学习目标		1.给定小朋友的活动图，观察讨论，全班学生能描述出几时几分产生的必要性。 2.给定钟面或时间，通过拨一拨、说一说，观察交流，全班学生能正确说、读、写时间，能根据接近整时钟面上的时间说出大约是几时。 3.通过学习几时几分，学生能说出如何科学安排自己的时间
评估任务		1.全班学生能描述出几时几分产生的必要性。 2.在观察钟面的过程中，全班学生能正确说出、读出、写出几时几分，能根据接近整时钟面上的时间说出大约是几时。 3.学生能科学安排自己的时间和解决生活中的问题

教学过程

教学环节	教学活动	评估要点
激活旧知	1.让学生拨出3~4个整时。 2.填空： （1）分针从12走了3小格是（　）分。 （2）分针从12走到数字3是（　）分。 （3）分针从12走到数字9是（　）分	学生能够准确说出分针从12走了几个小格和从12走到数字几各是几分钟
呈现目标	多媒体展示学习目标。 1.通过拨一拨、说一说，观察交流，全班学生能正确说出、读出、写出几时几分，能根据接近整时钟面上的时间说出大约是几时。 2.通过学习几时几分，学生能说出如何科学安排自己的时间	明确学习目标

教学过程		
教学环节	教学活动	评估要点
提供情境 指导学习	1.认识不是整时的时间 活动一：出示例3主题图 问题引导：让学生整体观察这四幅图想要表达一件什么事。 让学生直观感受认识非整时的必要性，引出课题。	全班学生结合小朋友的活动图，描述出几时几分产生的必要性

教学过程		
教学环节	教学活动	评估要点
指导学习 引出表现	活动二：出示学生熟悉的钟面1整时，再出示钟面2 分针从12起走过了多少小格？这时钟面上是几时几分？ 7时　　　　　　7时15分 7：00　　　　　7：15 先看（　　），确定（　　），再看（　　） 同桌讨论，PPT出示具体要求： （1）独自观察在钟面1的基础上发生了什么变化？ （2）同桌两人相互说一说。 学生反馈，老师再引导学生说出认识几时几分的观察顺序。同理，解决钟面3和钟面4的问题，并对几时几分的读和写进行指导。 下面钟面上各是几时几分？你是怎样看出来的？ 7时30分　　　　7时45分 7：30　　　　　7：45 追问：如果分针指在相邻两个数字之间，你还会看吗？	观察钟面的过程中，全班学生能正确说出、读出、写出几时几分，梳理出观察的顺序。 通过拨钟游戏的方式，巩固钟面的观察方法，在说出正确时间的基础上能说出自己是怎么看的

教学过程		
教学环节	教学活动	评估要点
反馈评价	活动三：拨钟游戏 a.师拨生说。 b.师说生拨。 c.生生互拨互说。 1.让学生说说自己拨时针、分针的顺序以及钟面上的时间应该怎么读？ 学生反馈。 再次巩固非整时的观察顺序。 2.认识接近整时的几时几分。 活动四：通过例3的钟面4继续转动分针到7时55分 （1）问题引导：让学生尝试说一说现在的时间是几时几分。 　　　　　7时55分 　　　　　7：55 （根据教学经验，学生会出现两种结果：7时55分和8时55分，这也是本节课的教学难点） 让学生独立思考钟面上的时间是几时几分。 学生反馈，通过生生对话、生生质疑的学习方式，辨别钟面上的时间。 （2）出示第二个钟面，让学生观察刚过几时一点？重点是8时零5分的读法和写法指导。 （3）问题引导：这两个钟面的指针有什么异同。 学生反馈，师进行引导小结：一个钟面比8时少一点，一个钟面比8时多一点，都可以看成大约8时	能根据接近整时钟面上的时间说出大约是几时

续 表

教学环节	教学活动	评估要点
学习检测	这一环节我设计了两个习题。 1.（1）现在的时间是：_____ （2）再过5分钟是：_____ 2.你能给下面的钟面画上分针吗？ 1：15　　　　　7：50 3：05　　　　　9：30	让学生体验不同形式的练习，从"认读写"过渡到"画" 学生通过学习几时几分，能够科学安排自己的时间
板书设计	简单说说如何科学安排自己周末的一天	

感悟	2020年7月，我开始接触"学教评一致性"的教学设计理念，从开始的陌生感到现在有意识地利用这种理念去设计教学过程，真的是推翻了自己过去的经验，重新拿起课标，从"学什么""学到什么程度""怎么学"去解读课标。学习目标更倾向于目标细化，变得可观可测、清晰具体。教学过程设计为了达到每个学习目标的要求，设计出对应的教学活动，强化了教师对活动和目标的匹配意识
反思	1.课堂教学，不仅要让学生学会，更要让学生会学。有些数学方法是从学生的生活经验中抽象出来的，这个抽象出来的过程，不仅要教师心中有数，也要让学生真正地体会并知晓。 2.在备课过程中要思考如何把问题充分暴露出来，让学生去经历：师抛问题—生操作体验—生归纳—师理一理的过程。 3.目标的设置、活动和目标的匹配度、如何反馈学生真正学会，这些是我在以后教学设计中要努力的方面

"三角形、平行四边形和梯形"教学设计

杜 敏

课题	三角形、平行四边形和梯形		
日期	2021年6月8日	节次	2
来源	江苏凤凰教育出版社		
课型	新授	授课对象	四（3）班
设计者	海口市海景学校　杜　敏		
目标 确立 依据	课标 分析	1.课标摘录 《义务教育数学课程标准（2011年版）》对本节课的要求是： 认识三角形，通过观察、操作，了解三角形两边之和大于第三边，三角形内角和是180°。 2.课标解析 学生学什么： （1）学习三角形两条较短的边长度之和大于最长的那条边。 （2）学习三角形任意两条边长度之和大于第三边。 学到什么程度： 课标中的"了解"是指会用"三角形两条较短的边长度之和大于最长的那条边"的规律判断给出的三条线段是否能围成一个三角形，会运用"三角形任意两条边长度之和大于第三边"这一规律解决实际问题以及会求出第三条边的大致范围。 怎么学： （1）给定情境，动手操作，讨论交流，学生能发现三角形两条较短的边长度之和大于最长的那条边。 （2）给定情境，交流展示，学生能用算式表示：三角形任意两条边和第三条边的关系，能在教师的帮助下总结出三角形任意两条边长度之和大于第三边		

目标确立依据	教材分析	三角形三边的关系是小学数学四年级下册第七单元中的第二课时，该课时是在学生初步了解了三角形的定义的基础上，进一步研究三角形的特征，即三角形任意两边的长度之和大于第三边的长度。三角形三边关系定理不仅给出了三角形三边之间的大小关系，更重要的是提供了判断三条线段能否组成一个三角形的标准，熟练灵活地运用"三角形的两边之和大于第三边"这一规律，是数学严谨性的一种体现，也有助于提高学生全面思考数学问题的能力，它还将在以后的学习中起着重要的作用。教学中，充分体现课标理念，凸显学生的主体地位。我力求从实验入手，让学生通过摆吸管，判定如何才能搭成一个三角形，引导学生经历"发现问题—大胆猜测—操作验证—修改完善—得出结论"的探究过程，最终发现三角形中三边之间的这一特殊关系。这样的设计符合学生的认知规律，既增加学生的学习兴趣，又使学生积累操作经验和研究经验
	学情分析	此前学生已经学习了角，初步认识了三角形，知道三角形有三条边、三个顶点、三个角，三角形还具有稳定性等知识，为进一步研究三角形的新的特性："任意两边之和大于第三边"做好知识准备。学生虽然知道三角形是由三条线段围成的，但是对于"任意的三条线段不一定都能组成三角形"这一知识却没有任何经验。学生对三角形任意两边之和大于第三边的规律只是停留在生活经验的基础上，只能初步感悟笔直的路比拐一个弯要近。一节课的时间，要让学生从抽象的几何图形中得出结论并加以运用，并非易事，这是教学中的难点
学习目标		1.给定情境，动手操作，讨论交流，学生能说出两条较短边的长度之和大于最长的那条边，并能根据三角形的这一特点判断三条线段是否能围成三角形。 2.给定情境，交流展示，学生能通过列算式发现三角形两边之和大于第三边，并能根据三角形的这个特点解决实际问题
评估任务		1.学生能用自己的话描述三角形两条较短边的长度之和大于最长的那条边，并能根据这一特点判断三条线段是否能围成三角形。 2.学生能列算式表示三角形任意两边之和大于第三边，并能根据这一特点解决实际问题

教学过程		
教学环节	教学活动	评估要点
导入，激发兴趣	出示两组各三条小棒，指名两学生上台演示围成三角形，从中复习三角形的定义：三条线段首尾相接围成的图形是三角形	学生能判断是否是三角形，对于没有围成的三角形能说明原因
探究新知	活动一：三角形两条较短边的长度之和大于最长的那条边。 引导提问：什么情况下能围成三角形，什么情况下不能围成三角形？ 引导探究方法：通过摆吸管（8厘米、5厘米、4厘米、3厘米各一根）动手操作探究。 拿出吸管，用吸管代替三角形的三条边，每三根吸管为一组尝试摆三角形并记录，左边的同学围，右边的同学将结果记录在学习单上，为了便于发现规律，将吸管的长度按照从小到大的规律排列。 学生操作，教师巡视，适时帮助。 学生汇报，教师引导。只有将吸管按顺序组合，才能保证围的三角形不重复、不遗漏，教师将学生汇报的四种组合填入学习单，对于不能围成的两个组合，指名学生上台演示并引导其说出不能围成的原因。 教师动画展示8厘米、5厘米、3厘米的吸管围三角形的过程。 同桌讨论：什么情况下能围成三角形，什么情况下不能围成三角形。教师引导学生列算式并尝试说出两条较短边的长度之和大于最长的那条边才能围成三角形，接着分析不能围成三角形的三根吸管长度之间的关系：较短两条边的长度之和等于或者小于最长的那条边，这两种情况下不能围成三角形，进而再次说明较短两条边的长度之和大于最长的那条边时才能围成三角形。 出示基础题，让学生判断题中出示的三条线段是否能围成三角形，并说出判断的方法。 小结：判断三条线段是否能围成三角形，要看两条较短线段的长度之和是否大于最长的那条线段，如果大于，就能围成三角形；反之，就不能围成三角形。	学生能用自己的话描述能围成三角形和不能围成三角形的情况：两条较短线段的长度之和大于最长的那条时可以围成三角形；反之，则不能围成三角形

教学过程		
教学环节	教学活动	评估要点
探究新知	活动二：三角形任意两边之和大于第三边 教师出示基础题中的能组成三角形的两组数据及探究的算式"12+5>13""8+5>12"。 教师边指边说：刚刚我们一直研究的是三角形中两条较短边的长度之和与最长的那条边长度之间的关系，那这两条边（任意指两条）和这条边（第三条边）之间有关系吗？ 学生交流展示两条边长度之和大于第三边的算式，教师引导学生说出"三角形中任意两边之和大于第三边"的结论。 学生齐读"三角形任意两边之和大于第三边"。 小结：三角形任意两边之和大于第三边	学生能用列算式的方法表达"三角形任意两边之和大于第三边"
目标 达成检测	活动三：检测反馈 1.变式题 一个三角形三条边的长度都是整数（单位：厘米），其中一条边长的长度为12厘米，另外两条边的长可能是（ ）。 A.3厘米、9厘米　　　　B.5厘米、12厘米 C.6厘米、4厘米　　　　D.4厘米、8厘米 小结：要判断三条线段是否能组成一个三角形，就需要比较两条较短边的长度之和与最长的那条边之间的关系，如果两条较短边的长度之和大于最长的那条边则能组成一个三角形，反之则不能。 2.图文题 从学校走到少年宫有几条路线？走哪一条路最近？ 引导学生用两种方法解释最短路线： （1）三角形任意两边之和大于第三边。	学生能用"三角形两条较短边的长度之和大于最长的那条边"的规律，判断任意三条线段是否能组成一个三角形；用"三角形任意两边之和大于第三边"的规律，解决实际问题

续 表

教学环节	教学活动	评估要点
	教学过程	
目标 达成检测	（2）两点之间，线段最短。 小结：三角形两边之和大于第三边。 3.拓展题 三根小棒的长度分别是10厘米、5厘米、3厘米，能组成一个三角形吗？你能改变其中一根小棒的长度使其组成三角形吗？ 指名说出多种方法，并要求学生说出能围成三角形的理由。 小结：三角形两条较短边的长度之和大于最长的那条边	
全课总结	你今天有什么收获？ 你是如何获得这些知识的？ 引导学生回顾上课流程	

"认识图形（二）"教学设计

蒲鸿燕

课题	认识图形（二）		
日期	2022年2月	节次	1
来源	江苏凤凰教育出版社		
课型	新授课	授课对象	一（1）班、一（2）班
设计者	海口市海景学校　蒲鸿燕		
目标 确立 依据	课标 分析	1.课标摘录 《义务教育数学课程标准（2011年版）》与本课有关的要求是： 能辨认长方形、正方形、三角形、平行四边形、圆等简单图形。 通过观察、操作，初步认识长方形、正方形的特征。 会用长方形、正方形、三角形、平行四边形或圆拼图。 能对简单几何体和图形进行分类。 2.课标分解 学生学什么： （1）从立体图形中辨认平面图形，并能说出长方形、正方形、三角形和圆的名称。 （2）能描述出长方形、正方形、三角形和圆的特征，并能在生活中正确识别这些平面图形。 能简单说明平面图形和立体图形之间的联系与区别。 学到什么程度： （1）课标中的"能辨认"是指学生能根据给定的图形，正确说出它们的名称。 （2）课标中的"初步认识"是指学生通过直观认识，并能用自己的语言简单地说出长方形和正方形的主要特征。 （3）课标中的"能分类"是指能对长方形、正方形、三角形和圆进行分类。		

目标确立依据	课标分析	怎么学： 借助多媒体课件、实物模型等，从学生熟悉的图形入手，先出示利用几种形状的立体图形玩游戏的视频，引起学生的兴趣，设置活动一，让学生理解"由体到面"的过程，再通过活动二让学生对长方形、正方形、三角形和圆的主要特征形成更加丰富的感知，通过活动三了解形和体之间的联系与区别，能用自己的语言说出形与体之间的联系和区别
目标确立依据	教材分析	"认识图形（二）"是小学数学一年级下册第二单元的内容，本单元让学生在直观认识了长方体、正方体、圆柱和球等简单立体图形的基础上，认识一些常见的平面图形，包括长方形、正方形、三角形和圆。本单元内容及其前后联系如下： **已学过的相关内容** 长方体、正方体、圆柱和球的直观认识（一上） ↓ **本单元的主要内容** 长方形、正方形、三角形和圆的直观认识 **后续学习的相关内容** 1.线段的初步认识（二上） 2.四边形、五边形、六边形和平行四边形的初步认识（二上） 3.角的初步认识（二下） 4.长方形和正方形的特征（三上） 本教材的编排体现了"从体到面"的设计思路。首先，通过观察一些常见几何体上的面，利用几何体上的面画平面图形等活动，直观认识长方形、正方形、三角形和圆。然后通过围、画、折、拼等动手操作活动，让学生加深对这些图形的认识。 本课的重点是直观认识长方形、正方形、三角形和圆的特征，难点是建立相应图形的空间想象。教材的安排分为三个层次，第一层次是让学生从感兴趣的搭积木活动入手，初步感知长方形、正方形、三角形和圆的共同特点以及各种图形的自身特点。第二层次是使学生对相关的平面图形的主要特点形成更加深刻的感知。第三层次是对照长方体、正方体、三棱柱和圆柱，给出长方形、正方形、三角形和圆的标准图形，介绍它们的名称让学生初步学会识别这些图形。这样的安排有利于学生通过自主探索活动认识图形，初步体会长方形、正方形、三角形、圆的一些特征，同时体现了面与体的联系，有利于发展学生初步的空间观念。

目标确立依据	学情分析	本节课的内容分属于空间与图形领域。学生在一年级上册已经认识了长方体、正方体、圆柱和球四种物体，对于常见几何体的表面已经形成了一些感性的认识；学生在日常生活（如在做手工和游戏）中或多或少也积累了常见图形的感性经验。可见，学生对于立体图形的特点是有所了解的，对平面图形已经有了大量丰富的感性经验，而利用生活中的实例经验展开教学，有助于他们更好地认识和了解常见的平面图形，体现"从立体到平面"的教学设计思路。学生能够运用"看一看""摸一摸""画一画""拼一拼"等方法，通过合作、交流、自主探究等形式来亲身体验"面从体出"这样一个十分抽象的过程。针对学生现阶段的学习状态，即学生已经有了初步解决实际问题的能力，设计本课教学内容
学习目标		1.结合情境图，通过观察交流，能从立体图形中辨认出平面图形，并能说出长方形、正方形、三角形和圆的名称。 2.给定平面图形，通过观察讨论，能描述出长方形、正方形、三角形和圆的特征，并能在生活中正确识别这些平面图形。 3.给定问题情境，通过对比交流，能简单说明平面图形和立体图形之间的联系与区别
评估任务		1.能从立体图形中辨认出平面图形，并能说出长方形、正方形、三角形和圆的名称。 2.能描述出长方形、正方形、三角形和圆的特征，并能在生活中正确识别这些平面图形。 3.能简单说明形和体之间的联系与区别

教学过程

教学环节	教学活动	评估要点
创设情境激发兴趣	谈话：同学们，在我们的图形王国里已经认识了一些图形宝宝，还记得吗？ （逐个出示长方体、正方体、圆柱体） 师：瞧！它们来了！（提出要求）观看视频。（长方体、正方体、圆柱、三棱柱在蹦跳的过程中留下了小脚印） 设疑：这些小脚印是谁留下来的？这些小脚印都长成什么样子呢？	激发学生的学习兴趣
操作感悟探索新知	活动一：理解"由体到面"的过程。 1.找一找 同学们，这些可爱的小脚印就藏在同学们手中的积木上，仔细找一找、摸一摸并跟身边的同学说一说，你能找到哪些物体中藏着这些小脚印。	

续 表

	教学过程	
教学环节	教学活动	评估要点
操作感悟 探索新知	（预设在长方体上找到长方形，在正方体上找到正方形，在圆柱上找到圆，在三棱柱上找到三角形。） 师：谁来说一说你在什么物体上找到了什么样的"小脚印"？（展示学生的发现） 课件揭示从长方体上找到了（长方形）"小脚印"，从正方体上找到了（正方形）"小脚印"，从圆柱的底面找到了（圆形）"小脚印"，从三棱柱的底面找到了（三角形）"小脚印"。 揭示课题：这些图形就是我们今天要认识的图形。（板书课题） 2.画一画 谈话：这些"小脚印"能从积木上走下来和我们见见面该有多好啊，你能想办法把你找到的"小脚印"从物体上移下来吗？ （预设：描一描的方法，用印泥印下来。） 师展示学生画作，集体评价。 反馈资源：从什么物体上画出什么"小脚印"，展示学生的作业并将积木上的图形与画出的"小脚印"进行还原复位。 课件演示：将平面图形从物体上移下来的过程，并指出从长方体一个面画出了长方形，从正方体一个面画出了正方形，从圆柱一个面画出了圆，从三棱柱一个面画出了三角形。另外，揭示长方体的其他面也可以画出长方形，并让同桌之间互相指一指、摸一摸。 小结：从长方体一个面找到了长方形，从正方体一个面找到了正方形，从三棱柱一个面找到了三角形，从圆柱一个面找到了圆。 活动二：平面图形的特征和生活中的平面图形 1.平面图形的特征 （1）分一分 师：老师也画了一些"小脚印"，你能将它们分一分吗？ 依据学生的分法，观察交流长方形有什么主要特征？正方形有什么主要特征？ 引导学生发现规律：长方形相对的边长度相等，也就是对边相等；正方形四条边都相等。	能从立体图形中辨认平面图形，并能说出长方形、正方形、三角形和圆的名称。 能描述出长方形、正方形、三角形和圆的特征，并能在生活中正确识别这些平面图形

教学过程		
教学环节	教学活动	评估要点
操作感悟 探索新知	观察三角形，引导学生发现三角形都有三条边。 观察圆，发现圆是圆圆的、弯弯的。 （2）围一围（想想做做第2题） ①在钉子板上围出长方形、正方形、三角形。 设疑：迅速围出一个圆，为什么圆围不出来？ 指出：圆上没有直的线，它是一条光滑的、弯曲的线，在钉子板上围不成圆。 ②在比较沟通中进一步认识图形的特征。 引导观察：长方形和正方形，你发现它们有怎样的联系？它们与三角形又有怎样的区别呢？ （3）猜一猜 这些调皮的图形宝宝还喜欢玩捉迷藏。 ①出示圆的一半。 ②出示长方形的一小部分，逐步揭示，揭示过程中追问这个图形可能是什么图形？为什么？它不可能是什么图形？ ③出示一部分图形（三角形），让学生猜一猜可能是什么图形？（三个图形重叠，分别是长方形、正方形、三角形） 2.生活中的平面图形 （1）找一找 身边哪些物体的面是我们今天认识的图形。 引导举例：数学书的封面是长方形。 反馈：你在什么物体上找到了什么图形？（强调物体的面）举例：魔方、红领巾。 （2）连一连（想想做做第1题） 这些物体上都藏着哪些图形呢？请动手连一连。 （3）涂一涂（想想做做第3题） 请按要求给下面的图形涂色。再数一数，填一填。交流学生的涂色和填写结果，检查订正。 师：旋转长方形，仔细观察这个长方形，它发生了怎样的变化？ 引导发现：不管图形放大、缩小、旋转或颜色变化，它都是一个长方形。 小结：长方形的主要特征是相对的两条边长度相等，即对边相等；正方形的主要特征是四条边都相等；三角形有三条边；圆是弯弯圆圆的。	

教学过程		
教学环节	教学活动	评估要点
动手实践提升认识	活动三：形和体之间的联系与区别 1.做想想做做第4题 教师出示一个长方体，要求学生用长方体不同的面画长方形。 学生操作画图，然后交流用一个长方体能画出几个长方形。 提问：用长方体不同的面画出的长方形都相同吗？ 师生指出：长方体上有大小不同的长方形面。 2.做想想做做第5题 教师出示一个正方体，要求学生用正方体不同的面画正方形。 学生操作画图，然后交流用一个正方体能画出几个正方形。 提问：用正方体不同的面画出的正方形都相同吗？ 师生指出：正方体上的面都是大小相同的正方形。 小结：长方体上有大小不同的长方形面，正方体可以画出大小相同的正方形	能简单说明平面图形和立体图形之间的联系与区别
欣赏图案发展美育	谈话：用这些可爱的图形还可以拼出美丽的图案呢，欣赏课件视频中的美丽图案，说说它们都是由哪些平面图形拼成的	
全课总结	今天我们认识了长方形、正方形、三角形和圆，并了解它们的主要特征	
板书设计	认识图形（二） 长方形　　　正方形　　三角形　　　圆	
作业设计	手工作业：拼一拼，课本第99页剪一剪，用长方形、正方形、三角形和圆拼成你喜欢的图案，然后和父母分享	

"认识万以内的数"教学设计

张雪梅

课题	认识万以内的数		
日期	2022年3月15日	节次	1
来源	江苏凤凰教育出版社		
课型	新授课	授课对象	二（3）班
设计者	海口市海景学校　张雪梅		
目标确立依据	课标分析	1.课标摘录 《义务教育数学课程标准（2011年版）》对本节课的要求是： （1）在现实情境中理解千以内数的意义，能认、读、写千以内的数，能用数表示物体的个数或事物的顺序和位置。 （2）能说出各数位的名称，理解各数位上的数字表示的意义。 2.课标分解 学生学什么： （1）认识计数单位"千"。 （2）能准确地说出千位、百位、十位、个位的数位顺序。 （3）读出千以内数的组成。 学到什么程度： （1）课标第1条中的"理解"是给定具体情境，学生描述千以内的数在实际生活中的意义。 （2）课标第2条中的"理解"是通过观察、操作、数数等学习活动，借助直观材料：小棒、计数器等，学生能描述千以内数的组成，能写出千以内的数。 怎么学： 在教学千以内的数时，让学生经历从"用方块表示数"到"用计数器表示数"再到用"数字符号表示数"的过程。"用方块表示数"有利于学生直观理解相应的计数单位的含义，让学生具体感		

	课标分析	知数的实际大小；"用计数器表示数"则能直观地显示十进制计数法的数位顺序和位值原则，有利于学生借助每一位上的数珠描述数的意义和数的组成
目标确立依据	教材分析	

已学过的相关知识

百以内数的认识

百以内数的组成

↓

本节课的主要内容

认识千以内的数

↓

后续学习的相关内容

多位数的认识

多位数的组成

1.从单元编排看：本单元是在学生认识了100以内数的基础上编排的，是小学数学教学中"数的认识"教学十分重要的一环，也是学生关于数概念形成和发展的关键阶段。在本单元之前，学生接触的都是比较小的数，这就限制了他们对自然环境、日常生活和生产劳动的认识。本单元，学生将学习新的计数知识，用较大的数描述、交流学校生活或社会生活里的事件与现象，他们的数感会有明显的发展。

2.从课时编排看：本课的编排遵循人类认识较大数的一般规律，尊重学生的认数特征，教材编排了两道例题。例题1，从生活实例出发，引导学生经历由具体到抽象的学习过程，并在这一过程中感受数的实际大小，体会十进制计数法的位值原则，获得对数的基数意义的初步理解。例题2，讲解分两个层次：第一层次，引导学生在计数器上一边拨珠，一边数数，先一十一十地数，从三百五十数到四百六十；再一个一个地数，从九百八十九数到九百九十九，并由此启发学生主动提出"九百九十九添上1是多少"的问题，进而自然引入新的计数单位"千"。第二层次，先借助计数器演示九百九十九加1后连续进位得到一千的过程，同时指出"从右边起，第四位是千位"。再引导学生一百一百地数，从一百数到一千，促进学生借助直观表征"千"的概念，并主动发现"10个百是一千"的结论。上述活动，不但可以帮助学生掌握千以内数的顺序，准确描述计数单位"千"的实际意义，而且渗透了自然数最基本的性质

目标 确立 依据	学情 分析	1.学习基础：学生在生活中能感知比100大的数的存在，这是他们认识千以内数的基础和起点。在此基础上，我以练习单为工具，采用检测法对全班54名同学进行前测，数据如下。 （1）10个一是（ ），10个十是（ ），10个一百是（ ）。 （2）783里有（ ）个百、（ ）个十、（ ）个一。 按规律接着往下写： 255、256、257、（ ）、259、（ ）、（ ） 350、360、（ ）、380、（ ）、（ ）、（ ） 通过统计和分析，发现大部分学生存在以下误区：接近整百，几百几十的拐弯数容易数错。 2.解决方法：借助计数器，引导学生在计数器上一边拨珠，一边数数。"用计数器表示数"则能直观地显示十进制计数法的数位顺序和位值原则，有利于学生借助每一位上的数珠数数拐弯数
学习 目标		1.给定问题，操作和交流，学生能描述出千以内数的组成。 2.给定问题，操作、交流和合作，学生能正确数出拐弯数。 3.给定问题，学生能阐明计数单位"千"，并描述出千以内数的数位顺序
评估 任务		1.学生说出给定数字的组成。 2.学生能数出拐弯数。 3.学生看计数器，指出计数单位"千"的位置并说出数的数位顺序

教学过程

教学环节	教学活动	评估要点
激活旧知 引起注意	1.感知生活中的数。 说说，在生活中你见过比100大的数吗？ 试试，你能说出情境图中这两个数字吗？ 2.引出课题，明确目标。 从今天开始，我们来认识比100大的数，认识千以内的数（板书课题）	生活中的数既可以激活学生已有认数经验，又能自然引出课题
提供情境 指导学习	活动一：描述千以内数的组成 课件出示： 一百　　　　　一百　　　　　一百 （1）活动要求：指其中一个方块图，这是一个百，你能数一数图中一共有几个百吗？你能在计数器上拨一拨吗？	

	教学过程	
教学环节	教学活动	评估要点
提供情境 指导学习	（2）活动反馈：学生独立思考，交流数的组成。 （3）活动小结：三个百是三百。 课件出示： ? 个 （1）活动要求：你能数出这里一共有多少个小正方体吗？你能在计数器上表示出来吗？ （2）活动反馈：你是怎样数的，数出的结果是多少？指名说说在计数器上表示的过程。 （3）活动小结：在百位上拨3个珠子表示3个百，在十位上拨2个珠子表示2个十，在个位上拨4个珠子表示4个一；3个百、2个十和4个一合起来是三百二十四。 活动二：拨一拨，数一数 在计数器上一十一十地数。 （1）活动要求：你能一十一十地数，从三百五十数到四百六十吗？ （2）活动反馈：指名演示一边拨珠，一边数。 （3）活动小结：三百九十，再添1个十，十位上正好是满10，要向百位进1，所以一十一十地数，三百九十后面是四百。 在计数器上一个一个地数。 （1）活动要求：一个一个地数，从九百八十九数到九百九十九。 （2）活动反馈：指名演示一边拨，一边数数的过程。 （3）活动小结：九百八十九添上1是九百九十。 活动三：认识计数单位"千"和数的顺序 追问：刚才我们一个一个地数，数到了九百九十九，还能继续数下去吗？ （1）活动反馈：指名在计数器上演示九百九十九添上1得到一千的过程。	这两个环节分别引导认识整百数、几百几十几的组成，初步理解千以内数的意义 数数是学生理解数的顺序的主要途径。有层次地安排借助计数器数数可以帮助学生理解千以内数的顺序，掌握数数的方法，进一步加深对十进制计数法进位规则的认识

教学过程		
教学环节	教学活动	评估要点
提供情境 指导学习	（2）活动小结：九百九十九添上1后是一千，"千"是比"百"大的计数单位；从右边起，第四位是千位。 一百一百地数。 （1）活动要求：出示10板由100个小正方体组成的方块，一百一百地数，从一百数到一千。你有什么发现？ （2）活动反馈：学生独立数一数，交流说出10个百是一千。 （3）活动小结：10个一百是一千	数出九百九十九后，启发学生讨论"还能继续数下去吗"，巧妙打破其认知结构的平衡，促使其主动提出"九百九十九添上1是多少"的问题，进而产生认识新的计数单位的心理需求
学习检测 及时纠正	1.拨一拨，数一数。 （1）一十一十地数，从八百六十数到一千。 （2）一个一个地数，从七百八十六数到八百零五。 2.写出数的组成。 （1） 二百五十四是由（　）个百、（　）个十和（　）个一组成的。 （2） 上图里有（　）个百、（　）个十和（　）个一。	进一步熟悉数数方法，掌握数的组成，加深对数的序数意义和基数意义以及十进制基数法的认识，培养数感，发展思维能力

教学过程		
教学环节	教学活动	评估要点
学习检测 及时纠正	（3） 这个数是由4个（　　）　　这个数是由4个（　　） 和7个（　　）组成的。　　和7个（　　）组成的。	
回顾总结 梳理知识	这节课你学到哪些关于千以内数的知识	梳理与千以内数相关的知识点
保持迁移 作业延伸	1. 展示人民币，提问：这些人民币一共多少元？ 2. 用我们今天学的知识描述我们生活中的数字	沟通数学知识与生活的联系
板书设计	认识千以内的数。 3个百是三百。 3个百、2个十和4个一组成三百二十四。 九百九十九添上1后是一千，从右边起，第四位是千位。 10个一百是一千	

《爬山虎的脚》教学设计

符石英

课题	《爬山虎的脚》第一课时		
日期	2021年9月24日	节次	1
来源	部编版小学语文四年级上册第三单元		
课型	阅读	授课对象	四（1）班
设计者	海口市海景学校　符石英		
目标确立依据	课标分析	1.课标摘录 本课定位为阅读课。《义务教育语文课程标准（2011年版）》中对本学段的相关要求如下： （1）累计认识常用汉字2500个左右，其中1600个左右会写。有初步的独立识字能力。 （2）用普通话正确、流利、有感情地朗读课文。 （3）能联系上下文，理解词句的意思，体会课文中关键词句表达情意的作用。能借助字典、词典和生活积累，理解生词的意义。 （4）能初步把握文章的主要内容，体会文章表达的思想感情。 2.课标分解 学生学什么： （1）学生能读准本课"均、柄、蜗、曲、萎"5个生字，会写"虎、叠、隙"等6个易错字。 （2）用普通话正确、流利地朗读全文。 （3）这节课主要理解"均匀、叶柄、一根茎"的意思。通过对第2自然段中描写爬山虎叶子美的相关词句的学习，体会作者的细致观察和准确表达，以及对爬山虎的喜爱之情。 （4）学生能概括出文章的主要内容，体会到作者对爬山虎喜爱的思想感情。

| 目标确立依据 | 课标分析 | 学到什么程度：
（1）所谓"认识常用汉字"，是指学生能够读准并识记"均、柄、曲"等5个生字；所谓"会写"，是指学生能通过观察，发现"虎、叠、隙"等13个常用汉字的关键笔画及易错笔画，能够正确书写。
（2）所谓"正确、流利地朗读课文"，指的是学生能在朗读课文时读准字音、不添字漏字、不卡顿、不回读，做到字正腔圆、停顿正确。
（3）所谓"理解词句的意思，体会课文中关键词句表达情意的作用"，指学生能够用自己的话准确解释本课"均匀、叶柄"等词语的意思；通过朗读句子"一阵风拂过，一墙的叶子就漾起波纹，好看得很"，想象画面，能描述"拂过、漾起"在句中的含义，初步懂得作者的观察细致和表达准确，积累句子，读出作者对爬山虎的喜爱之情。
（4）所谓"初步把握文章的主要内容，体会文章表达的思想感情"，指学生能弄清楚作者观察了爬山虎的生长位置、叶子、脚、怎么爬及有哪些变化，并概括出文章的主要内容，懂得作者对爬山虎的喜爱之情。
怎么学：
（1）学生通过借助拼音读准字音，结合汉字的构字规律、扩词等方法识记生字；通过观察，发现会写字的结构特点及关键、易错笔画，练习正确书写。
（2）通过听读、自由读、齐读等多种形式朗读，并依据标点和语义恰当停顿，学生能把课文读正确、流利。
（3）联系上下文，借助图片及字典释义、生活积累等，解释清楚这节课中关键词句的意思，说清楚这些词句所表达的作者对爬山虎的喜爱之情。
（4）通过抓关键词句概括每个自然段的段意，再归纳出文章的主要内容，并通过朗读懂得作者对爬山虎的喜爱之情 |
| | 教材分析 | 《爬山虎的脚》是部编版小学语文四年级上册第三单元第二篇课文。本单元围绕"处处留心皆学问"这个主题，安排了三首古诗和两篇课文，内容都是关于观察大自然景物和发现大自然奥秘的。单元语文要素是"体会文章准确生动的表达，感受作者连续细致的观察"。这一要素指向培养学生的观察能力和表达能力，是在三年级上册第五单元"体会作者是怎样留心观察周围事物的"和三年级下册第一单元"体会优美生动的语句"基础之上的进一步提升，体现了能力训练的梯度发展。 |

续 表

	教材 分析	《爬山虎的脚》一文主要写了叶圣陶先生经过长期细致的观察，了解到爬山虎生长的位置、叶子的特点以及它怎样往上爬的过程，表达了作者对爬山虎的喜爱之情。这是引导学生观察写作的一篇优秀范文。选编这篇课文的用意在于激起学生留心观察身边事物的强烈兴趣，养成细心观察周围事物的良好习惯，学习作者准确生动的表达。本节课是第一课时，在识写生字、读通课文、整体感知的基础上，通过对"爬山虎叶子"这一部分的学习，初步体会作者细致连续的观察及准确生动的表达
目标 确立 依据	学情 分析	学前检测 检测内容： **《爬山虎的脚》学前检测** 一、我会选择加点字的正确读音，画"√"。 均匀（jūn jīm）　　叶柄（bǐn bǐng）　　蜗牛（wō wā） 弯曲（qǔ qū）　　枯萎（wěi wèi）　　空隙（kōng kòng） 二、用"○"画出你认为难写易错的字。 虎　操　占　嫩　顺　均　叠　隙　茎　柄　萎　瞧　固 三、借助图片、查字典和联系上下文等方法，我会用自己的话说清楚下面词语的意思。画"☺"。 均匀（　　）　　空隙（　　）　　重叠（　　） 枯萎（　　）　　叶柄（　　）　　一根茎（　　） 四、同桌互相读课文，互相评价。 评价标准：读正确、流利的画 ★★★。 读正确，不流利的画 ★★。 读不正确的，没有 ★。 结果分析： 通过学前检测，发现约90%的学生能为生字选择正确读音，出错率较高的是后鼻音"柄"和多音字"曲"。在写字方面，学生普遍认为难写易错的有"虎、嫩、隙、叠、瞧"这5个字。仅有约40%的学生能用自己的话解释6个词语的意思，普遍不理解的是"均匀、叶柄、一根茎"这3个词。83%的学生已经能把课文读正确、流利。 解决策略： 第一，识字写字环节，关注"柄""曲"的读音，在语境中区分"曲"的不同读音；引导学生重点关注"虎、嫩、隙、叠、瞧"的易错笔画，把字写正确、规范。第二，对于学生不理解的词语，可提供字典释义、图片等帮助理解，也可引导学生联系上下文或生活实际进行理解

学习目标	1.通过借助拼音、观察字形、联系上下文或借助图片，全班学生能读准并识记含有生字的"均匀、叶柄"等6个词语，正确书写"虎、叠、隙"等6个难写易错字，用自己的话解释"均匀、叶柄"等词语的意思。 2.通过自由读、个别读等多种形式朗读，全班学生能把课文读正确、流利，并借助关键词概括段意，用自己的话说出文章的主要内容。 3.通过默读，同桌合作，学生能找出描写爬山虎叶子美的相关词句，初步体会作者的观察细致和表达准确，能读出作者对爬山虎的喜爱之情，积累优美句子
评估任务	1.学生能够借助拼音、扩词等方法，读准并识记"均匀、叶柄、弯曲"等词语，通过观察，发现并指出"虎、叠、隙"等汉字的结构特点及易错笔画，正确书写易错字，能联系上下文、借助图片等，正确解释"均匀、叶柄"等词语的意思。（对应目标1） 2.通过听读、自由读等多种形式朗读，并依据标点及语义恰当停顿，学生能把课文读正确、流利，通过抓住每个自然段的关键词，能概括并用自己的话说出文章的主要内容。（对应目标2） 3.学习第2自然段，学生能找出描写爬山虎叶子好看的相关词句，发现作者观察得细致，表达得准确，积累运用句子，读出作者对爬山虎的喜爱之情（对应目标3）

教学过程

教学环节	教学活动	评估要点
一、学习准备，引起注意	欣赏爬山虎图片，说说爬山虎给你留下了什么印象	学生通过看图片，对爬山虎产生探究的兴趣
二、学习发生，合作探究	1.介绍作者叶圣陶，引入课题。 学习活动一：预习反馈，扫清字词障碍 自由朗读课文，结合标准自我评价。 评价标准： （1）读准字音、读通句子。（一颗星） （2）读准字音、读通句子，依据标点和句子意思恰当停顿。（两颗星） 2.读词语：均匀、蜗牛、枯萎、弯曲、叶柄、一根茎。 （1）学生提醒易读错生字读音，领读。开火车读。 （2）把词语放回句子中读。相机理解"均匀、重叠、弯曲"等词语的意思。	学生能借助拼音认读生字，联系上下文等解释词语的意思，通过观察正确书写易错字

教学过程		
教学环节	教学活动	评估要点
二、学习发生，合作探究	3.写难写易错的5个生字：虎、嫩、叠、隙、瞧。 （1）学生观察，提醒易错笔画。 （2）老师范写，学生书空。 （3）全体学生练习写易错字，同桌互评。 学习活动二：自读课文，整体感知 1.出示自学提示。 （1）默读课文，思考：每个自然段写了什么？ （2）借助每个自然段中的关键词句，提炼出一个字或一个词概括段意。写在每个自然段的后面。 2.学生自读，圈画，提炼。 3.交流，板书。（位置、叶子、脚、怎么爬、变化） 4.借助板书，尝试用自己的话说出课文的主要内容。 学习活动三：初学细致观察，体会准确表达 1.出示美丽的爬山虎叶子图，学生用一个词或一句话来赞美爬山虎的叶子。 2.出示学习要求。 默读第2自然段，思考问题： （1）作者从哪几个方面介绍了爬山虎的叶子？ （2）你从哪些语句中体会到叶子的美？画出相关的句子，读一读，与同桌交流感受。 全班交流，相机板书。（绿又多又密又美） 3.出示句子：一阵风拂过，一墙的叶子就漾起波纹，好看得很。一阵风吹过，一墙的叶子就动起来，好看得很。 比较、讨论：这两句话的表达效果，哪一句更好？ 读句子，想象画面：你仿佛看到了什么画面？ 联系生活，说一说"好看得很"的类似表达。 4.积累运用（二选一）。 （1）抄写句子：一阵风拂过，一墙的叶子就漾起波纹，好看得很。 （2）小练笔：仿写句子"_____，_____，_____得很"。 反馈交流。 5.讨论：作者为什么能把爬山虎的叶子写得这么美？（板书：观察细致、表达准确） 6.齐读，读出作者对爬山虎的喜爱之情	学生通过自读、思考，能抓住关键词句归纳出作者观察了爬山虎的哪些方面，并用自己的话说说课文的主要内容。学生通过默读能找出作者描写爬山虎叶子美的相关词句，与同学交流自己的感受。积累优美句子。通过朗读、想象画面，懂得作者不仅观察细致，表达也准确，读出作者对爬山虎的喜爱之情

教学过程		
教学环节	教学活动	评估要点
三、布置作业，学习迁移	课堂小结 布置作业： 1.朗读全文。 2.观察一种植物的叶子，仿照作者描写爬山虎叶子的方法写一段话。 板书设计： 爬山虎的脚 位置 观察对象 { 叶子：绿又多又密又美 脚 怎么爬 变化 观察细致连续 表达准确生动	

《梅兰芳蓄须》教学设计

王秋笛

课题	梅兰芳蓄须		
日期	2021年12月8日	节次	1
来源	部编版小学语文四年级上册第七单元		
课型	阅读	授课对象	四（6）班
设计者	海口市海景学校　王秋笛		
目标 确立 依据	课标 分析	1.课标摘录 本课定位为略读课文。《义务教育语文课程标准（2011年版）》中针对本学段的相关要求如下： （1）累计认识常用汉字2500个左右，其中1600个左右会写。 （2）能把握文章的主要内容，体会文章表达的思想感情。 2.课标分解 学生学什么： （1）关于"累计认识常用汉字2500个左右"，本课主要认识"蓄、迫"等11个生字，读准2个多音字"宁、要"。 （2）关于"能把握文章的主要内容"指的是学生能说清楚梅兰芳用了哪些方法拒绝为日本人演戏以及他所经历的危险和困难。 学到什么程度： （1）所谓"认识'蓄、迫'等11个生字，读准多音字'宁、要'"中的"认识"是指学生能够借助拼音读准字音；"读准"是指学生能够根据具体的语境读准多音字的字音。通过字理识字"纠"和"缠"，学生能观察字形，说出汉字的结构特点，发现汉字的构字规律。 （2）所谓"能把握文章的主要内容，体会文章表达的思想感情"中的"把握"指的是学生能抓住文中的主要人物和事件，说清楚梅兰芳用了哪些方法拒绝为日本人演戏以及他所经历的危险和困难。		

目标确立依据	**课标分析**	怎么学： （1）学生能借助拼音，通过"登台演戏"识字游戏、开火车等方法自主识字。 （2）学生通过默读课文，提取信息，填写表格，在读一读、填一填、看一看、讲一讲等活动中自主学习，能说清楚梅兰芳用了哪些方法拒绝为日本人演戏以及他所经历的危险和困难
	教材分析	《梅兰芳蓄须》是部编版小学语文四年级上册第七单元第三篇课文。本单元的人文主题是"家国情怀"，这篇课文主要讲述了抗日战争时期，享誉世界的京剧表演艺术家梅兰芳先生的经历：为了拒绝给日本人演戏，他蓄须明志，甚至冒着生命危险打针装病。在没有经济来源时，不惜卖房度日。直到抗战胜利，他才剃掉胡须，重新登台演戏，体现了赤诚的爱国之心。 本单元的语文要素是"关注主要人物和事件，学习把握文章的主要内容"。这一要素是在三年级"了解故事的主要内容"基础上的进一步提升，本册教材在第四单元安排了"了解故事的起因、经过、结果，学习把握文章的主要内容"的要素，本单元在此基础上，学习如何关注主要人物和事件，把握文章的主要内容。《为中华之崛起而读书》一课侧重引导学生通过先弄清每件事情讲了什么，再把几件事情连起来的方式把握文章的主要内容。《梅兰芳蓄须》一课侧重引导学生运用这种方法把握课文的主要内容。把握课文主要内容的最终指向是在学生进行整本书阅读中能把握名著的主要内容。

年段 （单元）	阅读训练要素
三年级下（八）	了解故事的主要内容
四年级上（四）	了解故事的起因、经过、结果，学习把握文章的主要内容
四年级上（七）	关注主要人物和事件，学习把握文章的主要内容
四年级下（六）	学习怎样把握长文章的主要内容
六年级上（八）	借助相关资料，理解课文主要内容

教材中的插图是梅兰芳先生的肖像画，从画上可以很清楚地看到他留着浓密的胡须，有助于学生直观地感受梅兰芳先生蓄须明志的高尚气节

目标 确立 依据	学情 分析	学前检测 检测内容： **《梅兰芳蓄须》学前检测** 学校　　班级　　学号 一、我会选择加点字的正确读音，画"√"。 蓄须（xú xù）　　租界（zū zhū）　　纠缠（cán chán） 骚扰（rǎo rǎng）　　签订（dìng dìn）　　妄想（wàng wàn） 二、我会给多音字选择正确的读音，画"√"。 1.梅兰芳宁（níng nìng）可卖房度日，也决不在日本侵略者的统治下登台演出。 2.夏天的夜晚很宁（níng nìng）静。 3.只要（yào yāo）天气晴朗，学校都要（yào yāo）求我们出大课间。 三、我会读好下面的句子，画"√"。 1.梅兰芳被迫藏身租界，以躲避日本人的纠缠。（　） 2. 梅兰芳可以忍受生活的困顿，直面战争的危险，但他难以抵抗来自侵略者随时随地的骚扰。（　） 3.梅兰芳宁可卖房度日，也决不在日本侵略者的统治下登台演出。（　） 四、默读课文，能说出课文的主要内容，画笑脸。 通过默读课文，我能用自己的话说说课文的主要内容。 （　） 测试分析： 通过前测分析了解到，通过自主预习，94%以上的学生对字词基本掌握，在课堂上主要指导学生读准翘舌音"缠"、平舌音"租"等，其余的生字词可以一带而过，不占用教学时间。关注主要人物和事件，把握文章的主要内容，是本单元教学的重难点，而本班学生在用自己的话说出课文的主要内容上有一定的难度，因此确定为本课教学的重难点。 解决策略： 运用一个表格，引导学生梳理课文主要事件，把握主要内容。采用"自主探究、合作交流"的学习方式，引导学生在读一读、填一填、看一看、讲一讲的活动中，能说清楚梅兰芳用了哪些方法拒绝为日本人演戏以及他所经历的危险和困难

续 表

学习目标	1.学生能借助拼音，通过"登台演戏"识字游戏、开火车等方法读准本课"蓄、迫"等11个生字，读准多音字"宁、要"。 2.学生能通过默读课文，提取信息，填写表格，能用自己的话说清楚梅兰芳用了哪些方法拒绝为日本人演戏以及他所经历的危险和困难
评估任务	1.学生能借助拼音，通过"登台演戏"游戏等方法自主识字。能借助拼音正确读准"蓄、迫、纠、缠"等11个生字；通过字理识字"纠缠"，学生能观察字形，说出汉字的结构特点，发现汉字的构字规律。（对应目标1） 2.学生通过默读课文，提取信息，填写表格，在读一读、选一选、填一填、讲一讲等活动中自主学习，能说清楚梅兰芳用了哪些方法拒绝为日本人演戏以及他所经历的危险和困难（对应目标2）

教学过程

教学环节	教学活动	评估要点
活动一：引起注意，激趣导入（2分钟）	1.说关键词，猜人物。 师说关键词，生猜人物。 "四大名旦"之首；代表作：《贵妃醉酒》《霸王别姬》；闻名中外的京剧表演艺术家。 2.揭示课题，板书，学生齐读课题：梅兰芳蓄须。 理解"蓄须"（简单地说，就是——留胡子）。 3.小结：题目以人物+事件的方式告诉了我们这篇课文的主要内容	学生借助关键词猜人物，激发学习兴趣
活动二：创设情境，认读生字（5分钟）	1.检查生字词。 开火车游戏：登台表演。 蓄须　被迫　租界　纠缠　邀请 打扰　拒绝　签订　妄想 2.字理识字。 出示图片，生观察，发现"纠缠"为绞丝旁，引导说出本字的意思和引申义。本义是相互缠绕，引申为遭人烦扰不休。本文是说梅兰芳被日本人不断烦扰	学生能借助拼音正确读准生字；通过字理识字"纠缠"，学生能观察字形，说出汉字的结构特点，发现汉字的构字规律

续 表

教学过程		
教学环节	教学活动	评估要点
活动三：借助表格，指导学习（25分钟）	1.围绕提示，自主学习。 （1）出示要求：默读课文，想一想梅兰芳用了哪些办法拒绝为日本人演戏，在这个过程中经历了哪些危险和困难，请你圈画主要人物和事件。 （2）生默读圈画。 2.小组合作，填写表格。 （1）提示与要求：从文中选择或者凝练四字词语，经小组成员共同讨论确定最合适的词语填写在表格中。 （2）汇报交流，达成共识。 3.横看表格，了解内在联系。 （1）师引导：通过观察"原因""拒演办法"及"困难和危险"，你有什么发现？ （2）生自主讨论。 （3）指名说，评议、指导。 （4）师小结方法：归纳有多件事文章的主要内容，我们首先要清楚每一件事的主要内容，抓住事件之间的联系。 4.纵看表格，发现危险升级。 （1）引导发现，发出挑战：请同学们再竖着看一看表格，你发现了什么？ （2）生试答，师小结。 5.师引导把握主要内容：怎么把这几件事连起来呢？引导学生回忆在《为中华之崛起而读书》一课学习的通过把几件事的主要内容连起来概括课文主要内容的方法。借助表格，运用这个方法，试着说一说这篇课文的主要内容。 出示："不惜""甚至""直到""宁可……也不……"	学生通过默读课文，提取信息，填写表格，在读一读、填一填、看一看、讲一讲等活动中自主学习，能说清楚梅兰芳用了哪些方法拒绝为日本人演戏以及他所经历的危险和困难

小组合作填写表格：

时间、地点和背景	原因	拒演方法	困难和危险
1937年日军占领上海，1938年底赴香港		移居香港，不再登台	
	多次逼迫随时骚扰		
日本侵略者要庆祝"大东亚圣战"			险丢性命

续 表

	教学过程	
教学环节	教学活动	评估要点
活动三： 借助表格， 指导学习 （25分钟）	师小结：归纳有多件事文章的主要内容，我们首先要清楚每一件事的主要内容，然后抓住主要事件，弄清事件之间的关联，再将几件事连起来，用适合的词语连接，就可以概括出课文的主要内容	
活动四： 迁移方法， 拓展阅读 （8分钟）	1.拓展阅读链接《难忘的一课》迁移方法。 过渡：在《难忘的一课》中，台湾老师和学生又是怎么表达自己的爱国热情的呢？ 2.请同学们自主阅读课后"阅读链接"，并尝试填写表格。<table><tr><td>地点</td><td>主要人物</td><td>主要事件</td></tr><tr><td>走进教室</td><td></td><td></td></tr><tr><td>教室里</td><td></td><td></td></tr><tr><td>小礼堂</td><td></td><td></td></tr></table>3.反馈交流。 4.课堂小结：同学们结合收集的资料，设身处地地思考，更深入地了解了梅兰芳先生。他在一次次的困难和危险面前，表现出了一个有骨气的中国人不屈的民族气节，令我们敬仰	学生能迁移运用，借助梳理主要人物和事件，说出课文的主要内容的方法
课堂检测	梅兰芳先生在一次次拒演的过程中经历了许多危险和困难，哪一次给你留下了深刻印象？ 我觉得印象最深的是（　），我感受到（　）。 【词语吧】 大义凛然　刚正不阿　英勇无畏　视死如归 临危不惧　舍生取义　坚贞不屈　义无反顾	学生能关注到主要事件，并能从主要事件里说出人物所具有的精神品质
板书设计	23* 梅兰芳蓄须 打针装病 蓄须明志　登台演出 藏身租界（远避香港）事情发展顺序　困难逐渐升级 抓关键词 语言简洁 拒绝演出	

《就英法联军远征中国致巴特勒上尉的信》导学案

麦春艳

课题	就英法联军远征中国致巴特勒上尉的信	
学习目标	1.有感情地朗读课文，学习文中运用对比、衬托、反语等表达强烈情感的写作方法。 2.了解写作背景，感受作者立场鲜明、爱憎分明的情感	
学习重点	品味文章语言；感受作者的情感态度	
学习过程		个性笔记栏 （教师授课方案/学生学习笔记）
【知识链接】 一、作者简介 维克多·雨果（1802—1885），法国作家，法国浪漫主义文学的代表作家，人道主义代表人物。代表作有小说《巴黎圣母院》《悲惨世界》《九三年》。 二、写作背景 鸦片战争后，英法两国不满足在华的既得利益，于1856年发动第二次鸦片战争。1860年，英法联军攻进北京，对圆明园进行了震惊中外的抢劫和焚烧。而后，巴特勒上尉想利用雨果的显赫声望，让他给远征中国的所谓"胜利"捧场。雨果站在全人类的立场上，于1861年11月25日大义凛然地写下这封书信		

续 表

学习过程	个性笔记栏 （教师授课方案/学 生学习笔记）
【课前过关】 一、注音 给予（　）　晨曦（　）　瞥见（　）　珐琅（　）（　） 箱箧（　）　劫掠（　）　朱鹭（　）　琉璃（　）（　） 二、字音字形辨识组词 jiǎo（　）　chuàng（　）　骇（　） jué（　）　chuāng（　）　赅（　） **【5分钟独学】** 1.通过阅读课文，你能用一句话概括这封信的主要内容吗？ ＿＿＿＿＿＿＿＿＿＿＿＿＿＿＿＿＿＿＿＿＿＿＿＿＿＿＿＿ ＿＿＿＿＿＿＿＿＿＿＿＿＿＿＿＿＿＿＿＿＿＿＿＿＿＿＿＿ 2.就英法联军远征中国这件事，雨果是什么态度和立场？ ＿＿＿＿＿＿＿＿＿＿＿＿＿＿＿＿＿＿＿＿＿＿＿＿＿＿＿＿ ＿＿＿＿＿＿＿＿＿＿＿＿＿＿＿＿＿＿＿＿＿＿＿＿＿＿＿＿ 3.你觉得这篇课文的语言有什么特点？请举例说明。 ＿＿＿＿＿＿＿＿＿＿＿＿＿＿＿＿＿＿＿＿＿＿＿＿＿＿＿＿ ＿＿＿＿＿＿＿＿＿＿＿＿＿＿＿＿＿＿＿＿＿＿＿＿＿＿＿＿ **【合作探究】** 活动一：赞圆明园美 赏读第3段，画出赞美圆明园的句子。 活动二：讽侵略者丑 雨果在面对巴特勒上尉征询他对所谓"远征中国"的看法时，你知道他是如何看待这一次远征的吗？请浏览第5~10段，圈画相应词句。 活动三：叹雨果人格 雨果是法国人，但对法国的"胜利"没有喜悦，没有赞美，而是揭露和批判了这次"胜利"。他这样是不是不够"爱国"？谈谈你的看法。	

学习过程	个性笔记栏 （教师授课方案/学 生学习笔记）
【课后检测】（任选一题） 1.2021年6月13日是第16个"中国文化遗产日"。为了营造保护文化遗产的良好氛围，增强学生的文化遗产保护意识，九年级各班开展了以"珍爱文化遗产"为主题的语文综合性学习活动。请你为活动拟写一条宣传标语。不少于20字。 2.写一写：以给雨果写一封信的形式，谈谈你学习课文后的感想（100字左右）。	

"浮力大小复习"导学案

潘小芳

课题：第九章浮力典型习题复习

【学习目标】
1.掌握计算浮力大小的四种方法。
2.会求解浮力大小的相关问题。
【学习重点】
重点：计算浮力大小的四种方法。
难点：求解浮力大小的相关问题。
【学习过程】

方法	公式	关键词
压力差法		
称重法		
阿基米德法		
平衡法		

漂浮	$F_浮$＿＿＿$G_物$	$P_液$＿＿＿$P_物$
悬浮	$F_浮$＿＿＿$G_物$	$P_液$＿＿＿$P_物$
上浮	$F_浮$＿＿＿$G_物$	$P_液$＿＿＿$P_物$
下沉	$F_浮$＿＿＿$G_物$	$P_液$＿＿＿$P_物$
沉底	$F_浮$＿＿＿$G_物$	$P_液$＿＿＿$P_物$

一、知识梳理
1.计算浮力大小的方法。
2.物体浮沉的条件。

课题：第九章浮力典型习题复习

二、典型题型

题型一　浮力一般计算问题

1.如图所示，小球c排开水的体积为$3×10^{-4}m^3$，则c受到浮力为_____N，小球d的重力为2N，则d受到的浮力为_____N。（g=10N/kg）

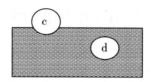

2.我国第一艘航空母舰"辽宁号"的排水量为67500t，它满载时受到的浮力为_____N。（g=10N/kg）

> 方法总结：抓住关键词，判断用哪种方法计算浮力大小

能力提升：把体积为200cm³的铁块挂在弹簧测力计上，测力计的示数为15.3N。把铁块的一半浸没在水中，则铁块受到的浮力为____N，此时，弹簧测力计的示数为____N；若将铁块全部浸没在密度为$0.8×10^3kg/m^3$的液体中，则铁块受到的浮力为____N。

题型二　浮力大小的比较

1.同一个长方体物块放在甲、乙、丙三个容器里，如图所示，其中甲、乙容器中的液体是水，丙容器是盐水，若物块受到的浮力分别是$F_甲$、$F_乙$、$F_丙$，则（　　）。

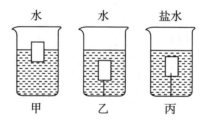

A. $F_甲<F_乙=F_丙$　　　　B. $F_甲=F_乙<F_丙$　　　　C. $F_甲<F_乙<F_丙$　　　　D. $F_甲=F_乙=F_丙$

2.取一只空牙膏袋，一次将它挤瘪，另一次将它撑开，两次都拧紧盖后先后放入同一杯水中，如图所示，牙膏袋两次所受的浮力$F_甲$和$F_乙$的大小关系（　　）。

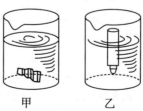

A. $F_甲>F_乙$　　　　B. $F_甲=F_乙$　　　　C. $F_甲<F_乙$　　　　D. 无法比较

续 表

课题：第九章浮力典型习题复习

方法总结：1.根据阿基米德公式比较 ＿＿＿＿＿ 进行判断；

2.根据物体的浮沉条件比较 ＿＿＿＿＿ 进行判断

能力提升：将同一物体放在不同液体中的三种情况如图所示，比较它受到的浮力大小，其中浮力最小的是（　　　）。

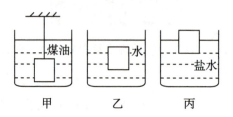

甲　　　　　乙　　　　　丙

A.甲　　　　B.乙　　　　C.丙　　　　D.无法比较

题型三　浮力与图像

如图所示，将一块挂在弹簧测力计下的圆柱体金属缓慢浸入水中（水足够深），在圆柱体接触容器底之前，能正确反映弹簧测力计示数F和圆柱体下表面到水面的距离h关系的图像是（　　　）。

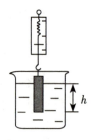

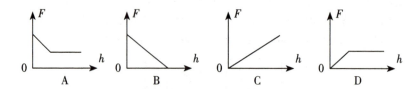

方法总结：1.明确纵坐标、横坐标的物理意义；

2.根据称重法公式 ＿＿＿＿＿ 判断物体的状态

课题：第九章浮力典型习题复习

能力提升：在图甲中，石料在钢绳拉力的作用下从水面上方以恒定的速度下降，直至全部没入水中。图乙是钢绳拉力随时间 t 变化的图像，若不计水的摩擦力，则可算出该石料在水中受到的最大浮力和石料密度为（ $g=10\text{N/kg}$，$p_水=10^3\text{kg/m}^3$）（　　）。

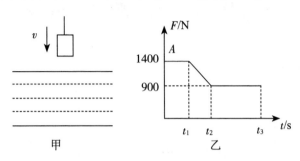

A. 1400N，$1.6\times10^3\text{kg/m}^3$ 　　　 B. 500N，$1.6\times10^3\text{kg/m}^3$

C. 1400N，$2.8\times10^3\text{kg/m}^3$ 　　　 D. 500N，$2.8\times10^3\text{kg/m}^3$

"固体压强"中考复习导学案

王 权

课题："固体压强"中考复习	
【学习目标】 1.通过阅读课本概念，对比压力和重力异同，正确画出压力的示意图。 2.再现教材实验情境，通过解决实际问题，复习实验探究中采用的科学方法，初步理解压强的物理意义。 3.根据给出的实际例子正确判断生活中增大和减小压强的方法。 4.能灵活运用固体压强公式进行计算。 【学习重难点】 重点： 1.增大和减小压强的方法。 2.固体压强大小的比较与计算。 难点： 1.压力和重力的区分。 2.运用压强公式进行计算。 【课前检测】 导入：展示本章知识思维导图，明确本节课学习目标。 【课中学习案】 命题点1：压力的示意图（难点，F和G易混淆；近几年未考作图，但很重要） 学习活动一： 1.阅读课本第142页，标出什么是压力。认真体会这句话的意思。 2.根据压力的概念，画出压力的示意图。 （1）静止在水平面上的物体A对水平面的压力。 （2）静止在斜面上的物体A对斜面的压力。 （3）被手按压的图钉A对竖直平面的压力。	个性笔记栏

课题："固体压强"中考复习	个性笔记栏

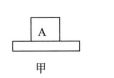

甲　　　　　乙　　　　　丙

3.阅读教材第143页，完成以下表格，总结压力和重力的区别与联系。

区别与联系		压力	重力
三要素	大小	1.当物体静止在水平面上且无其他外力作用时，$F_压$_____$G_物$ 2.当物体放在斜面上时，$F_压$_____$G_物$（以上均选填"="或"+"）	
	方向		
	作用点		
性质 （产生原因）		属于弹力 （弹性形变产生）	属于引力 （地球吸引产生）

4.师生总结规律。

命题点2：压力作用效果的影响因素（2020年第15题）

学习活动二：

1.动手体验：拿一端削尖的铅笔如图进行实验，感受压力的作用效果。

左　　　　　右

2.根据体验思考：压力的作用效果可能与哪些因素有关？

3.实验再现：学生课前完成《全程无忧》第46页第20题。

4.实验结论：

（1）当_____一定时，压力越_____，压力的作用效果越明显。

（2）当_____一定时，受力面积越_____，压力的作用效果越明显。

思考：压力和受力面积都不相同时，如何比较压力的作用效果？

5.回忆概念：

（1）压强是_____，用符号_____表示。压强是反映_____的物理量。

（2）压强的定义式_____，变形式_____，_____。

（3）压强的单位是_____，简称_____，符号_____。

课题：《固体压强》中考复习	
命题点3：增大、减小压强的方法（10年中考了5次） 1.中考真题训练。（2011年第5题） 2.方法归纳： 增大或减小压强的方法。 增大压强的方法有：_____，_____，_____。 减小压强的方法有：_____，_____，_____。 迁移应用 学生练习： 1.生活中增大或减小压强的实例辨析。 2.第44页第2、3、4题。 命题点4：固体压强大小的比较和计算（重点、难点、易错点；10年中考了7次） 1.固体压强的计算。 例题1：（2018年海南21题10分）滑旱冰是青少年最喜欢的一项运动。如图所示，小兵质量约为34kg，所穿的四轮直排旱冰鞋每只质量为3kg，鞋底每个轮子与地面接触面积为4cm²，（g取10N/kg）求： （1）小兵自身受到的重力。 （2）小兵单脚滑行时对地面的压强。  改编： （1）假设轮子能够承受的最大压强是5×10^5Pa，则直排四轮能承受的最大压力是多少N? （2）单脚滑行时，除旱冰鞋自身质量外，它还能承载人体的最大质量是多少kg? 例题2：如图，用60N的水平力F将一重为30N的长方体紧压在竖直的墙上，物块静止不动，长方体与墙面接触面积为100cm²，则： 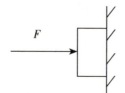	个性笔记栏

课题：《固体压强》中考复习	个性笔记栏
（1）墙面受到的压力是多大？ （2）压强又是多大？ （3）长方体受到墙壁的摩擦力是多大？ 2.固体压强大小的比较。 例题1：如图所示，有五块完全相同的砖以三种形式摆放在水平地面上。图甲是两块砖叠放；图乙是一块砖平放；图丙是两块砖并排平放。它们对地面的压强分别为$P_{甲}$、$P_{乙}$、$P_{丙}$。比较它们的大小，正确的是（　　）。 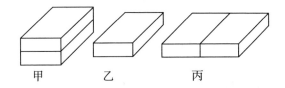 A. $P_{甲}>P_{乙}$；$P_{甲}<P_{丙}$　　　B. $P_{甲}<P_{乙}$；$P_{甲}<P_{丙}$ C. $P_{甲}>P_{乙}$；$P_{甲}>P_{丙}$　　　D. 以上都不正确 变式：一块砖平放，横切和竖切对桌面的压强如何变化？ 例题2：（2018年海南8题3分）如图所示，放在水平地面上的立方体、长方体和圆柱体都是由铁制成的实心物体，其高度从左到右逐步增大，对地面的压强分别为P_1、P_2和P_3，下列关系正确的是（　　）。 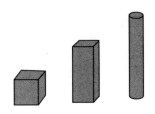 A. $P_1=P_2=P_3$　　　　B. $P_1<P_2<P_3$ C. $P_1>P_2>P_3$　　　　D. 缺少条件，无法判断 布置课后作业	

"夏商周的更替" 导学案

韦小玲

课题：夏商周的更替	

【学习目标】
1.学生通过归纳课文内容，识记夏朝建立的知识；通过夏朝建立军队、制定刑法、设置监狱等理解夏朝具备一个国家的基本形态，知道夏朝是我国历史上第一个王朝；知道家天下和公天下指的是世袭制与禅让制。
2.学生通过表格形式归纳夏商周三代的更替情况，并完成识记任务；通过三代王朝衰亡的共性，学生得出"得民心者得天下，失民心者失天下"的治国之道的结论。
3.结合课文内容，归纳导学案上西周实行分封制的目的、对象、依据、诸侯的权利与义务、作用等内容。
【学习重点】
夏商周的更替、西周的分封制。
【学法指导】
信息归纳法，小组合作法。
【课前导学】
一、自学课本第20~24页，回答下列问题，并在课本中做好笔记。（20分钟）
（一）夏朝的建立与"家天下"
1.   夏朝的建立 { 时间：
                           建立者：
                           都城：
2.夏朝的历史地位是什么？
3.启继承禹的王位后，王位继承制度发生了什么变化？
4.考古学者发现的夏王朝的都城遗址被称为什么？
	个性笔记栏

课题：夏商周的更替	
（二）夏商周的更替 根据课文内容，完成下列表格内容。	个性笔记栏

朝代	建立时间	开国君主	都城	重大事件（重要制度）	结束时间	末代暴君
夏						
商						
西周						

（三）西周的分封制

根据课文内容，完成下列表格内容。

分封制的内容		作用
目的		
分封对象		
分封依据		
诸侯的权利		
诸侯的义务		

西周的灭亡与东周的建立。

（1）原因：公元前841年，发生_____，周厉王逃跑。_____时朝政腐败，社会各种矛盾激化。

（2）标志：公元前_____年，西周被_____族所灭。后来，周平王东迁_____，史称东周。

【课中导学】

小组合作，共同探讨：夏、商、周三代的灭亡有何相似之处？我们从中能得到什么启示？

【课后检测】

1.下列史实，标志着我国世袭制代替了禅让制（   ）。

A.尧传位于舜　　　　　　　B.舜传位于禹

C.禹传子，家天下　　　　　D.启打败有扈氏

2.公元前1046年，武王伐纣，建立周朝后，定都在（   ）。

A.牧野　　　　　　　　　　B.镐京

C.洛邑　　　　　　　　　　D.殷

课题：夏商周的更替	
3.历史上周幽王为博妃子一笑，竟屡次"烽火戏诸侯"。最初几次，诸侯都会带兵前来，保卫周王。诸侯这样做，与下列哪一制度有关? （　　　　） A. 宗法制　　　　　　　　B. 分封制 C. 郡县制　　　　　　　　D. 行省制 4.将下列朝代与相应的建立者、暴君连接起来。 汤　　　　夏朝　　　　纣 武王　　　商朝　　　　桀 禹　　　　西周　　　　周厉王 5.数轴记忆是学习历史的方法之一。下面是一位同学在复习中国古代某一历史时期政权更迭时制作的年代标尺，其中①处应该是（　　　　）。 约公元前　　　　约公元前　　　　公元前　　　　公元前 2070年　　　　　1600年　　　　　1046年　　　　770年 ①　　　　　　　②　　　　　　③　　　　　　④ A. 夏朝　　　　　　　　　B. 商朝 C. 周朝　　　　　　　　　D. 秦朝	个性笔记栏

"意想不到的学习方法——检测"
中学生心理健康教育课程设计

陈青文

基本信息					
姓名	陈青文	学校	海口市海景学校	职称	二级教师
课程名称		意想不到的学习方法——检测			
课程类别	新授课	学段/年级	七年级	班级	
指导教师	刘宏宇	上课时间		人数	
教材		无			
指导思想与理论依据					

教育部颁发的《中小学心理健康教育指导纲要》（2012年版）指出，初中阶段心理健康教育的主要内容包括"适应中学阶段的学习环境和学习要求，培养正确的学习观念，发展学习能力，改善学习方法，提高学习效率"，因此改善初中生的学习方法和策略是必要的。

《认知天性》一书中提到，科学理论指出反复检测可以加强记忆。实证研究也证明，测验效应是真实存在的——检索一段记忆的活动会改变这段记忆本身，可以让它在今后更容易被再次检索。检测对于大脑需要记住、需要在未来回忆的东西，如事实、复杂的概念、解决问题的技巧、运动技能等，都具有适用性。因此可以在初中生的学习中给予其指导

背景分析

从小学升入初中，学生学习的学科变多、内容变难，我们发现有不少学生学习非常刻苦，成绩却没能提高，甚至随着升入初二、初三学科内容变得更难，成绩出现下滑。而优生使用的很多常用的学习方法，不确定是否科学有效。由此，引导学生尝试使用一些更为科学的学习方法，也许成绩能再度提高

续 表

背景分析
初中是学生升入高中的过渡期，在初中阶段学会运用科学的学习策略，也是在为高中的学习打下基础，因此帮助学生学会学习具有重要意义。 有调查发现，把检测作为一种学习方法的学生并不多，很多学生没有意识到这种方法的效果。即使是用过检测方法的学生，大多也只是表示检测可以让自己发现尚未掌握的知识，以便更仔细地研究资料。这确实是检测的用途之一，但也看出学生还没有意识到检测本身还有强化记忆的功能

活动内容
1.热身阶段：知识PK竞赛。 2.转换阶段：介绍检测对于提高成绩的有效性以及检测本身所具备的强化记忆的功能。 3.工作阶段：小组围绕检测时间、题目来源、检测内容和检测后四个方面讨论如何运用检测法，并设计题目以及交流原因。 4.结束阶段：总结运用检测法形成习惯后对目标的助力性

活动目标
1.了解与理解：了解检测对提高成绩的有效性。 2.尝试与学会：尝试讨论出检测法如何操作使用，并设计检测题目。 3.体验与感悟：感悟检测法形成习惯后对目标的助力性

活动流程示意
热身阶段：知识PK竞赛 ↓ 转换阶段：介绍检测法 ↓ 工作阶段：小组讨论和设计题目 ↓ 结束阶段：总结强调

活动准备
七个小组每个组一个学科标牌，每个组一份记录便笺纸和彩色卡纸，每位同学一份设计检测题目活动清单

活动过程				
活动序号	活动名称	活动目的	活动内容	活动时间
一、热身阶段	知识PK竞赛	吸引学生兴趣，激发学生检测体验感，并引入课题	1.课堂约定： 我们先一起朗读课堂约定，预备起—— 最高品质：认真倾听。 最美行为：参与讨论，积极发言，不乱贴标签，不嘲笑，不指责。 2.知识PK竞赛： 请每个小组选出一位代表上台进行两个小组学科知识PK竞赛，第七组选出两名同学。 3.过渡： 同学们，老师看到全班同学都跟着兴奋起来了，所以换个方式，检测也有助于激发我们学习的兴趣。换个角度，检测同样有助于我们的学习。本堂课，老师要和同学们一起换个角度去看检测，把检测当成一种学习方法去使用，今天上课的主题是"意想不到的学习方法——检测"	5分钟
二、转换阶段	介绍检测法	了解检测这种学习方法，激发学生运用检测法的动力	检测的作用： 1.为什么我们要把检测当成一种学习方法呢？由心理学家通过研究撰写的这本《认知天性》，列举了一系列研究告诉我们：检测法对于提高成绩是非常有效的，检测本身还有增强记忆的功能。 2.权威研究：（播放视频）在哥伦比亚市的一所中学里，研究人员安排八年级的学生接受不重要的小测验（并进行反馈），内容是课上的部分知识点。另一部分知识点不会出现在小测验中，但是会安排学生复习三遍。在一个月后的大考中，在考查小测验涉及的知识点时，学生的平均成绩是"A-"，而在考查那些仅做复习但未	5分钟

活动过程				
活动序号	活动名称	活动目的	活动内容	活动时间
二、 转换 阶段	介绍 检测法	了解检测这种学习方法，激发学生运用检测法的动力	做小测验的知识点时，学生的分数变成了"C+"。（文字强调：我们看到使用了随堂检测，学生的成绩上升到了"A−"） 3.逆袭人物：这本书里还讲了几位运用检测法等学习方法而成功逆袭的人物。其中有一位是美国的学生Michael。他因为工作经常接触医生，发现自己对医学有着更浓厚的兴趣。不过他之前并没有学过多少有关医学的知识，想考上医学院就特别困难。于是他拼了命地去学习有关医学的内容。终于，他以刚够及格线的成绩通过了美国医学院的入学考试，去了佐治亚摄政大学。但他在学校里的学习也并不容易，第一次考试成绩在班里垫底。他没有气馁，而是积极寻找学习方法，其中就包括检测法。经过一年的坚持努力以及在合适的学习方法的帮助下，他的排名从垫底的两百多名上升为班里的前几名，并一直保持这个排名，最后成为优秀的毕业生	5 分 钟
三、 工作 阶段	小组讨论 和 设计题目	讨论检测法如何操作，并学以致用设计检测题目	1.引入： 我们身边的同学，其实在平时的学习中都有意无意地用到检测。 2.小组讨论： 请在小组里围绕以下几个方面展开讨论： （1）在什么时间可以进行检测？ （2）检测题目去哪里找？ （3）检测时，各个学科可以问哪些内容？每个小组讨论对应的学科。 （4）检测完后如何利用题目和试卷？ 要求：时间5分钟，组内选出一位记录员在便笺纸上进行记录，一位代表在组内发言。（小组代表边讲，教师边板书）	29 分 钟

活动过程				
活动序号	活动名称	活动目的	活动内容	活动时间
三、工作阶段	小组讨论和设计题目	讨论检测法如何操作，并学以致用设计检测题目	板书 3.带着全班一起过一遍板书，有遗漏的地方教师进行补充，并强调这些就是检测法的关键要领。 4.过渡：同学们通过集体的智慧讨论出了检测法具体如何操作，接下来我们就结合讨论出的题目来源和检测内容两个方面去设计检测题目。 5.设计检测题目。 （1）设计题目：每位同学围绕小组所对应的学科，选择自己感兴趣的课文，对该课设计一道题目，并写上是第几课的标题，时间3分钟。 （2）交流：组内以两人为单位相互交流，结合学科及课文具体说明为何如此设计题目。时间1分钟。 （3）小组选一位代表上台展示一道题目并说明为何如此设计题目。 6.小结：在同学们的分享中，我们再一次回顾了检测内容可以围绕重点、难点和高频考点展开	29分钟
四、结束阶段	总结强调	总结强调	同学们，当我们换个角度去看待我们平时的测试，并有意识地训练自己自我检测，会带来意想不到的效果！也许刚开始运用时，效果不会立竿见影，但持之以恒，形成习惯，就会像	1分钟

续 表

活动序号	活动名称	活动目的	活动内容	活动时间
		活动过程		
四、结束阶段	课后作业	学以致用	那位医学生Michael一样，让它成为你实现目标的助力，助你到达理想彼岸！请同学们课后，结合检测实践的要点，找个时间把刚刚设计的问题进行自测或者互测，之后进行检查反馈	1分钟
		参考资料		
《认知天性》 《中小学心理健康教育指导纲要》（2012年版）				